① Satztechnik und Typografie Band 1 | Typografische Grundlagen

Lehrmittel-Ausgaben
1. Typografische Grundlagen
2. Satztechnik
3. Avor Text/Avor DTP
4. Formenlehre

Copyright
© Copyright 1998
GDP-Verlag
Monbijoustraße 33
CH-3011 Bern

Herausgeber
Gewerkschaft
Druck und Papier
Monbijoustraße 33
CH-3011 Bern
ISBN 3-9520934-1-6
2., überarbeitete Auflage
Band 1–4 sind zu bestellen
bei der Gewerkschaft
Druck und Papier, Bern.

GDP-Autorenkollektiv
Richard Frick
Christine Graber
Renata Minoretti
Martin Sommer
Werner Meier (Lektorat)
**Verantwortlich
für diesen Band**
Martin Sommer
Druck
gdz AG Zürich

Die Schaffung dieser Lehrmittel entstammt einer Idee der
Schweizerischen Vereini-
gung der Fachlehrer im graphi-
schen Gewerbe (LGB).
Die Herausgabe des Lehrmittels
wurde im Rahmen der
Weiterbildungsoffensive des
Bundes (WBO) ermöglicht.

Neue Lehrmittel für gelernte und ungelernte Berufsleute in der grafischen Industrie

Die Produktionstechniken in der Druckvorstufe haben sich in den letzten Jahren gravierend verändert. Bei der Hard- und Software-Entwicklung zur digitalen Erstellung von Text- und Bilddaten gibt es jetzt schon fast keinen Unterschied mehr zwischen der Ausstattung in den Betrieben der Druckindustrie und Agenturen bzw. den Büros der Druckerei- und Setzereikunden. Man kann heute auf ein und demselben PC Texte erfassen, Grafiken erstellen oder diese aus Datenbanken generieren, Farbbilder retuschieren oder Ton- und Videosequenzen einspielen. Lediglich die zur Verfügung stehende Software unterscheidet, ob und wie eine Verquickung der Informationen auf dem Rechner oder dem zugeschalteten Netzwerk möglich ist. Ob diese Informationsbausteine jedoch über den Print- oder Nonprintbereich in die Medienwelt einfließen, ist dabei technisch fast unerheblich.

Mit einer großangelegten Kampagne um das Desktop-Publishing wurde verbreitet, dass von jedermann und jederfrau – von der Manuskriptvorbereitung bis zur fertigen Druckvorlage – alles selbst gemacht werden könne. Auf die Euphorie folgte die Ernüchterung, ganz einfach deshalb, weil technische Mittel noch lange keine typografischen Kenntnisse vermitteln. Laien und Fachleute müssen sich die einfachsten Grundlagen der Satztechnik mühsam in den Bedienerhandbüchern zusammensuchen.

Aus dem Bedürfnis – ursprünglich entstanden durch die Schweizerische Fachlehrer/-innen-Vereinigung – nach einem «Handbuch für Typografie» von Fachlehrerinnen und -lehrern, Lehrlingsausbilderinnen und -ausbildern sowie vielen DTP-Anwenderinnen und -Anwendern ist dieses Lehrmittel entstanden. Es eignet sich vor allem für gelernte und angelernte Fachleute in der grafischen Industrie, aber auch für Quereinsteigerinnen und -einsteiger.

Die Fachbuchreihe soll speziell die Bereiche Satztechnik und Typografie sowie deren Anwendungen im computerunterstützten Arbeitsbereich abdecken. Sie soll laufend erneuert und angepasst werden. Ziel ist, die heute brachliegenden Kenntnisse der Typografie, der Textgestaltung und des Layouts zu aktivieren, umzusetzen und mit den modernen Mitteln der Technologie anzuwenden.

Im Rahmen der Weiterbildungsoffensive des Bundes konnte die GDP, in Zusammenarbeit mit Fachlehrerinnen und Fachlehrern sowie Praktikerinnen und Praktikern, dieses neue Lehrmittel für gelernte und angelernte Berufsleute in der grafischen Industrie erstellen. Ohne die Unterstützung des Bundes wäre die Verwirklichung dieses Lehrmittels nicht möglich gewesen.

Hans Kern

Das Maßsystem

Für Maßberechnungen hat der Mensch von Beginn an die Abmessungen des eigenen Körpers als Grundlage verwendet wie zum Beispiel den Unterarm, den Fuß und die Finger. Bis über das Mittelalter hinaus gab es keine Vereinheitlichung der Maßsysteme. So war zum Beispiel das Fußmaß von Land zu Land unterschiedlich lang, weil als Grundlage jeweils die individuelle Fußlänge des Monarchen verwendet wurde.

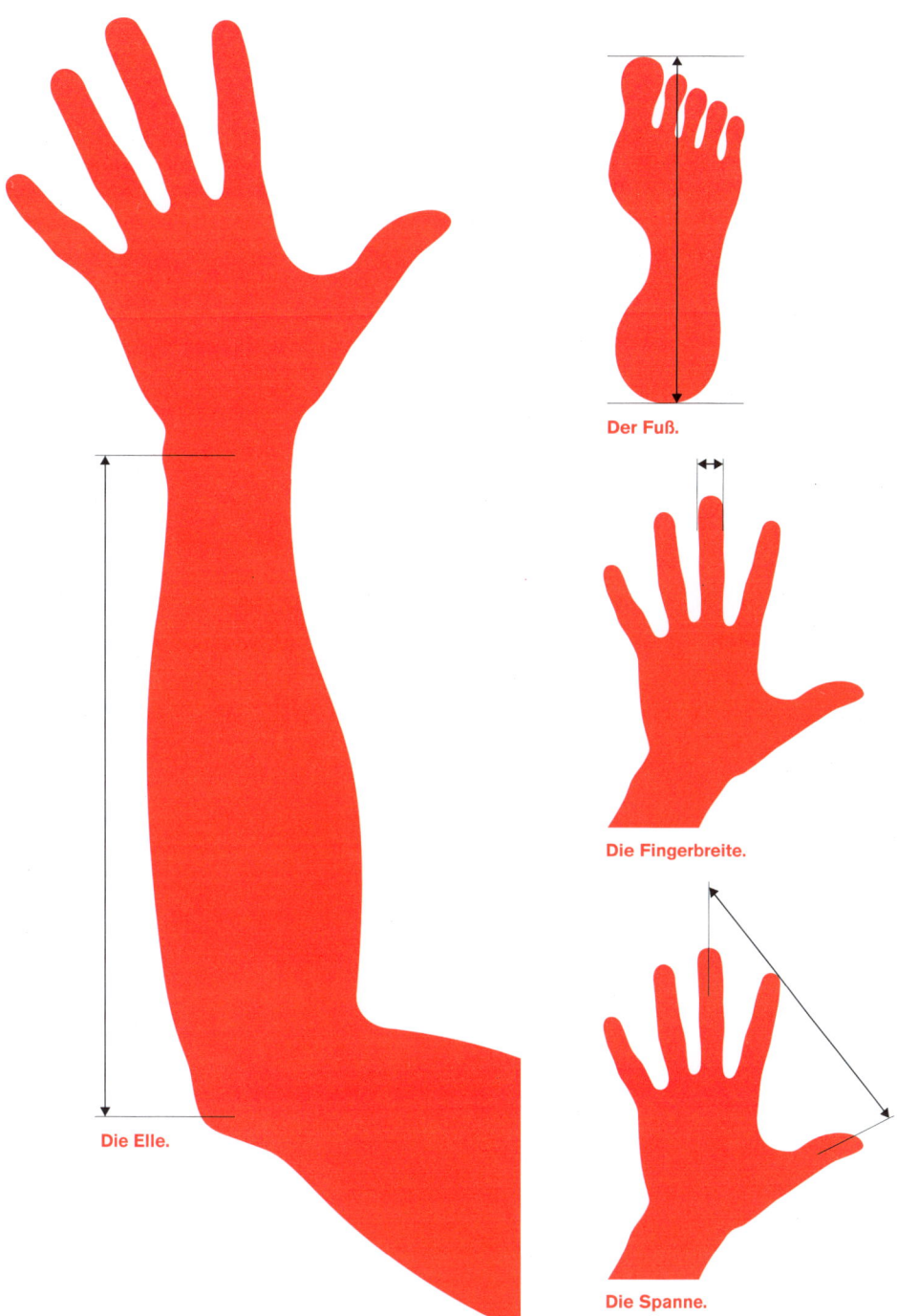

Der Fuß.

Die Fingerbreite.

Die Elle.

Die Spanne.

Vom typografischen Maßsystem zum Metersystem

Seit dem 1. Januar 1978 gelten die neuen SI-Einheiten (Système international d'unités). Für Längenmaße darf nur noch das Metersystem Verwendung finden. Trotz der bestehenden SI-Einheiten wird parallel neben dem Millimetersystem in der grafischen Branche auch noch das Punktsystem angewendet. Für Schriftgrad und Zeilenabstand werden als kleinste Einheit 0,25 mm vorgeschlagen. Doch wird auch mit Zehntel- und Hundertstelmillimetern gearbeitet. Zu kleine Schriftgradabstufungen oder mehrere Stellen nach dem Komma sollten jedoch vermieden werden, da diese Maße ohne Einsicht in die Originaldatei schwer nachmessbar sind.

Das Metersystem

Der Astronom G. Mouton hat 1670 erstmals das Dezimalsystem als Grundlage für ein einheitliches Maßsystem vorgeschlagen. Es basierte auf der Gradminute, dem 60. Teil des Erdmeridiangrades. 1889 wurde der Meter auf der Grundlage des 40 000 000. Teils des Erdmeridiangrades aufgebaut. Eine noch genauere Definition des Meters gab es 1960. Der Meter hat genau 1650 763,72 Wellenlängen auf der orangen Spektrallinie des Krypton-86-Isotops im luftleeren Raum. Diese Größe ist unveränderlich.

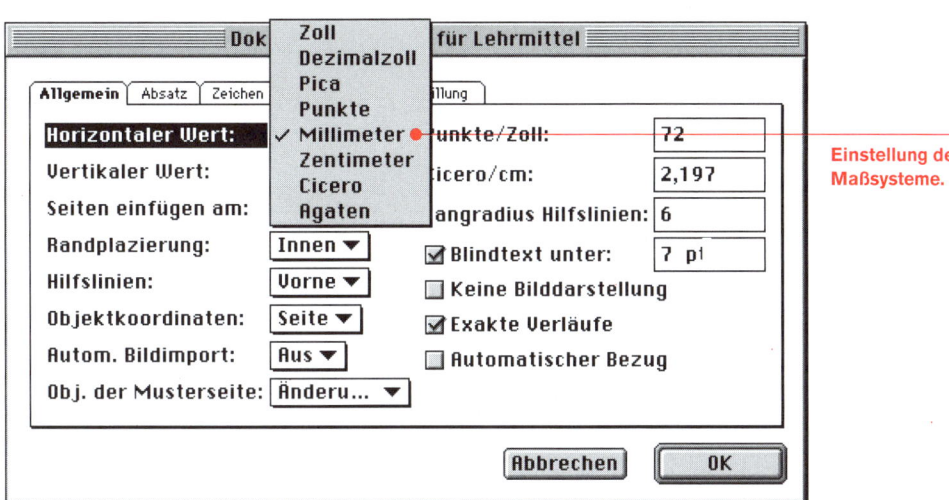

Einstellungen im QuarkXPress
Die Einstellungen des Maßsystems für die Maßskala und den Maßstab erfolgen im Menü «Bearbeiten» und in den Untermenüs «Vorgaben» und «Dokument...».
Siehe auch Band 3, «Avor DTP».

Einstellungen im PageMaker
Die Einstellungen des Maßsystems für die Maßskala und den Maßstab erfolgen im Menü «Datei» und in den Untermenüs «Vorgaben» und «Allgemein...».

Das Didot-System (deutsch-französisches Normalsystem)

Der französische Schriftgießer Pierre Simon Fournier schuf 1737 ein auf dem englisch-amerikanischen Fuß aufgebautes typografisches Maßsystem (1 Fuß = 30,48 cm). Der Pariser Schriftgießer François Ambroise Didot und sein Sohn Firmin Didot passten 1785 das von Fournier eingeführte typografische Maßsystem dem französischen Fußmaß (pied de roi) an. 1878 brachte der Messinglinienhersteller Hermann Berthold das deutsche Schriftsystem in Übereinstimmung mit dem Metermaß. Dadurch wurde dieses neue System in weiten Teilen Europas als deutsch-französisches Normalsystem oder Didot-System anerkannt:

1 Meter
= 2660 Punkt

1 Typometer
= 30 cm
= 133 Nonpareille
= 798 Punkt

1 Didot-Punkt
= 0,3759 mm

Die letzte Definition des Didot-Punktes:

1 Didot-Punkt
= 1000,333 mm
: 2660,000 Punkt
= 0,376065 mm
= 0,376 mm bei 20° Celsius

2660 Punkt
= 1000,333 mm

Typografie, mag sie noch so armselig sein, ist niemals selbstverständlich oder auch nur zufällig. Schön gesetzte Druckarbeiten gar sind stets Ergebnisse langer Erfahrungen. Zuweilen sind sie sogar eigentliche künstlerische Leistungen von hohem Rang. Weit eher aber als die Werke der freien Kunst ist die Kunst des Satzes, weil sie sich nicht nur an einen engen Kreis wendet, jedermanns kritischem Urteil ausgesetzt, und dies wiegt hier mehr als irgendwo sonst. Typografie, die nicht jedermann lesen kann, ist unbrauchbar. Ob etwas wirklich leicht und mühelos zu lesen ist, kann selbst der nicht leicht beurteilen, der dauernd über Leserlichkeit und Lesbarkeit nachsinnt. Und der Durchschnittsleser revoltiert ja nur, wenn die Typen zu klein sind oder das Auge irritieren. Beide Eigenschaften sind indessen bereits Zeichen einer gewissen Unlesbarkeit.

Zeilenabstand 18 Didot-Punkte.

Typografie, mag sie noch so armselig sein, ist niemals selbstverständlich oder auch nur zufällig. Schön gesetzte Druckarbeiten gar sind stets Ergebnisse langer Erfahrungen. Zuweilen sind sie sogar eigentliche künstlerische Leistungen von hohem Rang. Weit eher aber als die Werke der freien Kunst ist die Kunst des Satzes, weil sie sich nicht nur an einen engen Kreis wendet, jedermanns kritischem Urteil ausgesetzt, und dies wiegt hier mehr als irgendwo sonst. Typografie, die nicht jedermann lesen kann, ist unbrauchbar. Ob etwas wirklich leicht und mühelos zu lesen ist, kann selbst der nicht leicht beurteilen, der dauernd über Leserlichkeit und Lesbarkeit nachsinnt. Und der Durchschnittsleser revoltiert ja nur, wenn die Typen zu klein sind oder das Auge irritieren. Beide Eigenschaften sind indessen bereits Zeichen einer gewissen Unlesbarkeit.

Zeilenabstand 18 DTP-Punkte.

Das Inch-(Zoll-)System und der DTP-Punkt

Das Inch-System kann vom amerikanischen Maßsystem abgeleitet und umgerechnet werden:

1 Inch
= 6 Pica
= 25,4 mm

1 Pica
= 12 Points

6 Pica
= 72 Points
= 1 Inch

1 Point
= $1/72$ Inch

Das in den heutigen Computerprogrammen angewendete typografische Maßsystem basiert auf dem 72. Teil eines Inches. Ein DTP-Punkt entspricht somit aufgerundet auf 4 Stellen nach dem Komma 0,3528 Millimetern:

1 Didot-Punkt
= 0,376 mm

1 Pica-Punkt/Normpoint
= 0,351 mm

1 DTP-Punkt/Normpoint
= 0,352 mm
= $1/72$ Inch

12 DTP-Punkt
= 1 Pica

6 Pica (zu 12 Punkt)
= 72 Point
= 1 Inch
= 25,4 mm

Am Beispiel des links abgesetzten Textes wird der Unterschied zwischem dem herkömmlichen, im Bleisatz verwendeten Didot-Punkt, und dem DTP-Punkt deutlich sichtbar.

Umrechnungstabellen siehe Seite 51.

Der Typometer

Damit eine Schriftgröße, ein Zeilenabstand oder eine Liniendicke gemessen werden kann, braucht es das richtige Messgerät. Neben der gebräuchlichen Maßeinheit «Millimeter» gibt es zur Ermittlung der Schriftgröße, des Zeilenabstandes und der Liniendicke verschiedene Messmöglichkeiten. Diese speziellen Typometer enthalten meistens in unterschiedlichen Kombinationen die Maßeinteilungen Millimeter, Inch, Punkt und die Maßeinteilungen für die Liniendicke, die Schriftgröße und den Zeilenabstand. Da die meisten Computerprogramme heute mit amerikanischen Maßen arbeiten, findet man auf den verschiedenen Typometern neben dem DTP-Punkt-System auch noch das Didot-Punkt-System, welches mehrheitlich nicht mehr angewendet wird.

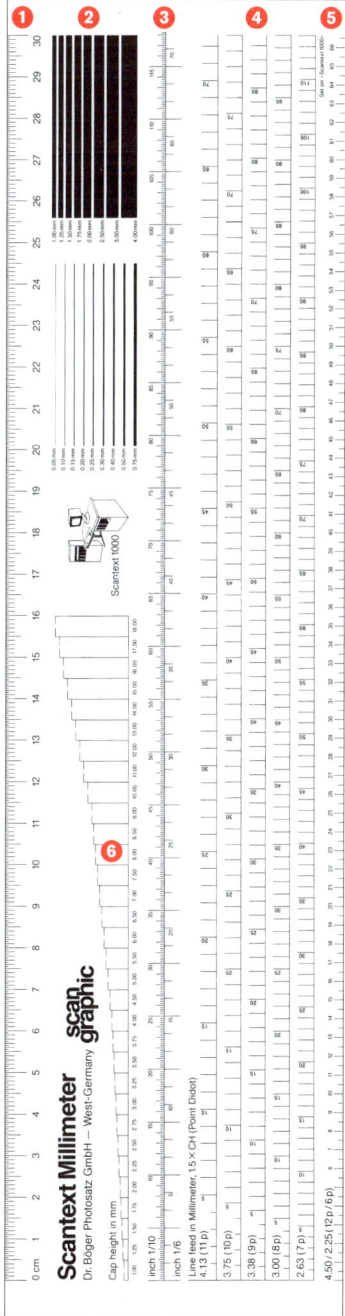

Scantext-Typometer.

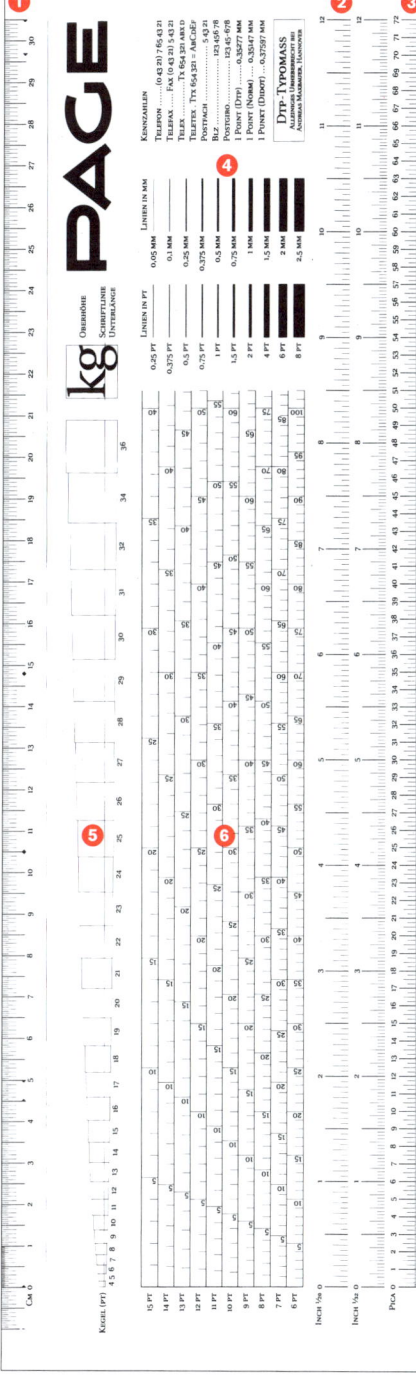

PAGE-Typometer.

Die unterschiedlichen Typometer

Die hier gezeigten Beispiele zeigen nur einen kleinen Teil aus dem vielfältigen Angebot von Typometern.

Scantext-Typometer

1 Millimeter
2 Linienstärke
3 Inch
4 Zeilenabstand
5 Didot-Punkt
6 Versalhöhe

PAGE-Typometer

1 Millimeter
2 Inch
3 DTP-Punkt
4 Linienstärke
5 hp-Höhe
6 Zeilenabstand

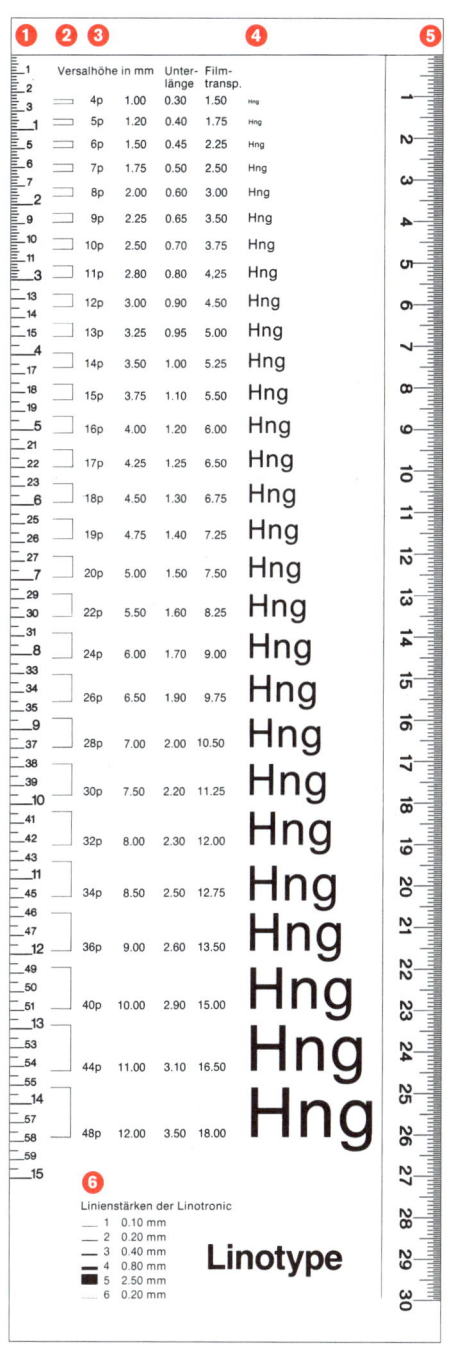

Linotype-Typometer.

ORSYSTA-Typometer.

Linotype-Typometer
1 Didot-Punkt
2 Versalhöhe
3 Schriftgröße in Didot-Punkt und Millimetern
4 Optische Schriftgröße
5 Millimeter
6 Linienstärke

ORSYSTA-Typometer
1 DTP-Punkt
2 Inch
3 Millimeter
4 Didot-Punkt

Die Punkteinteilung
Bei den meisten Typometern ist es aus technischen Gründen nicht möglich, jeden Punkt als Linie darzustellen. Somit beträgt der Abstand zwischen einem zum nachfolgenden Strich nicht 1 Punkt, sondern 2 Punkte.

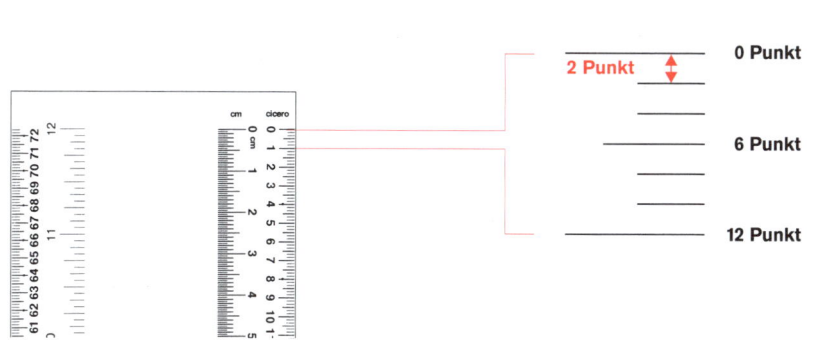

Das Messen einer Schrift

Bei der Ermittlung der Schriftgröße ist es im Gegensatz zum Zeilenabstand schwierig, mit den herkömmlichen Mitteln die Größe der Schrift zu bestimmen. Der Schriftgrad gibt nicht eine messbare Größe wie die Versalhöhe oder die größte vertikale Ausdehnung an, sondern den vertikalen Raumbedarf (fiktiver Kegel) der Schrift. Der vertikale Raumbedarf besteht aus der größten vertikalen Ausdehnung der Schrift plus einem zusätzlichen Raum, der jeweils unten an der Schrift hinzugefügt wird. Dieser Raum vermeidet ein Berühren der Unter- und Oberlängen bei kompress versetztem Satz, das heißt, die Schriftgröße ist hier identisch mit dem Zeilenabstand. Die Schriftgröße kann somit nur mit einem speziellen Typometer gemessen werden, wie zum Beispiel mit der Möglichkeit der Versalhöhen-Messung. Mit einer zusätzlichen X-Tension (Erweiterungsprogramm) im QuarkXPress kann die Schriftgröße anschließend anhand der Versalhöhe eingegeben werden.

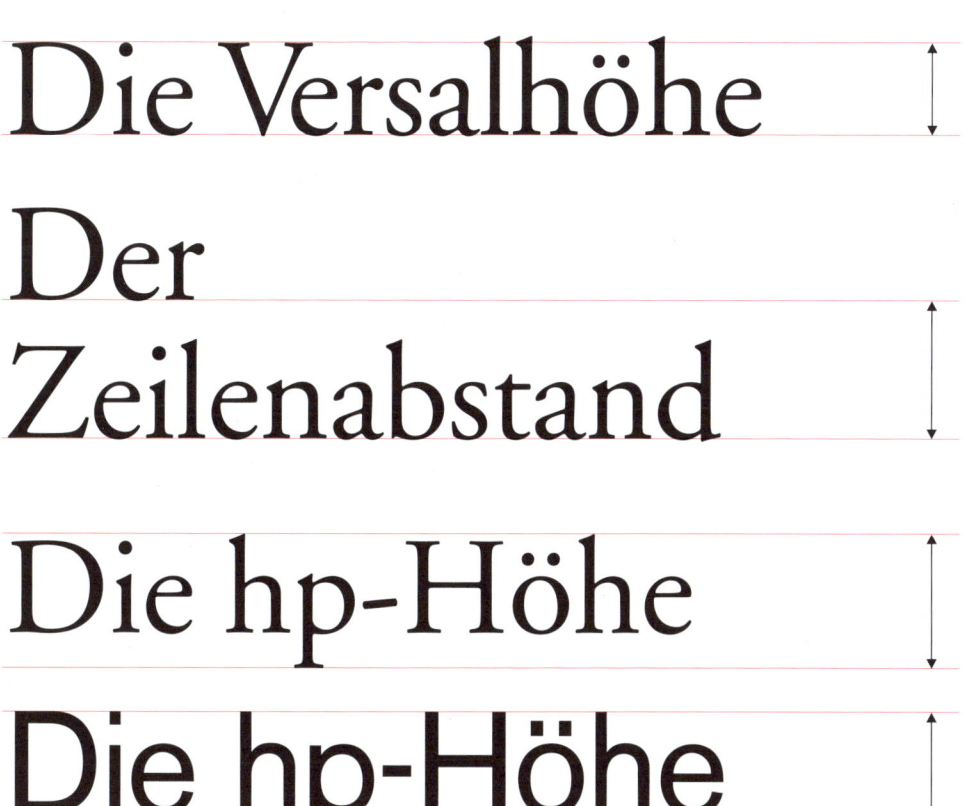

Die Versalhöhe

Der Zeilenabstand

Die hp-Höhe

Die hp-Höhe

Der fiktive Kegel

Der fiktive Kegel

Die Versalhöhe

Diese Höhe bezeichnet die Distanz von der Schriftlinie bis zur Oberlänge der Versalien.

Schrift:
Garamond 52 Punkt

Der Zeilenabstand

Der Abstand wird von Schrift-linie zu Schriftlinie gemessen.

Schrift:
Garamond 52/52 Punkt

Die größte vertikale Ausdehnung (hp-Höhe)

Dieses Maß bezeichnet den Raum vom obersten Punkt bis zum untersten Punkt der Schrift.

Schrift:
Garamond 52 Punkt
Akzidenz Grotesk 52 Punkt

Der vertikale Raumbedarf

Dieses Maß, auch als fiktiver Kegel bezeichnet, gibt den Raum an, den eine Schrift total mit dem an der Unterlänge hinzugefügten Raum einnimmt.

Schrift:
Garamond 52 Punkt
Akzidenz Grotesk 52 Punkt

Siehe auch Band 2, «Satztechnik».

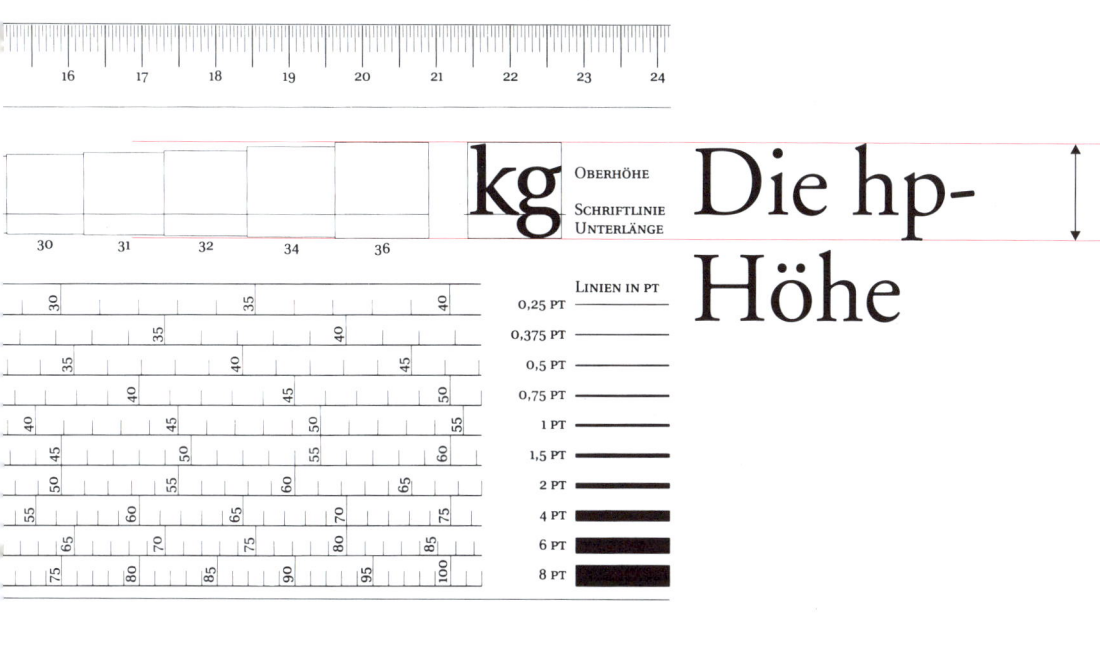

Die hp-Höhe

kg OBERHÖHE
SCHRIFTLINIE
UNTERLÄNGE

LINIEN IN PT

0,25 PT
0,375 PT
0,5 PT
0,75 PT
1 PT
1,5 PT
2 PT
4 PT
6 PT
8 PT

Das Messen und die Eingabe einer Schriftgröße

Die Schriftgröße kann mit der hp-Höhe (nach Page kg-Höhe), mit der Versalhöhe oder mit einer optischen Schriftgrößen-skala gemessen werden. Danach kann die Schriftgröße direkt oder mittels einer X-Tension in das Programm eingegeben werden.

Das Messen der hp-Höhe

Beim PAGE-Typometer wird die Schriftgröße durch die «Größte vertikale Ausdehnung» gemessen. Zuerst wird die Versalhöhe mit der Unterlänge eingepasst, danach wird die Unterlänge kontrolliert.

Das Messen der Versalhöhe

Bei dieser Messmethode wird die effektive Versalhöhe des Buchstabens gemessen. Dabei sollte ein Buchstabe ohne Rundungen gemessen werden (z.B. «H»).

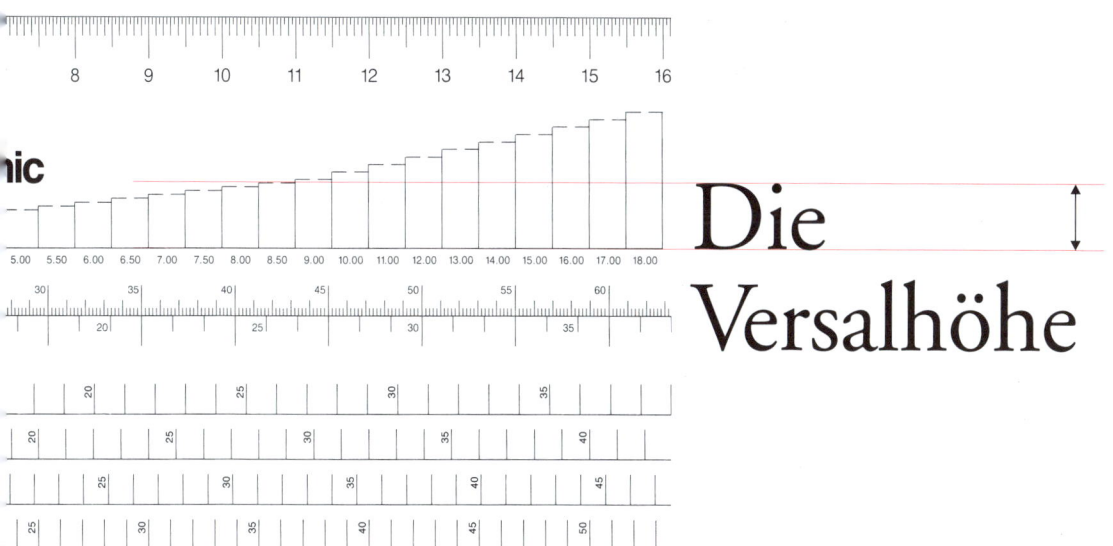

Die Versalhöhe

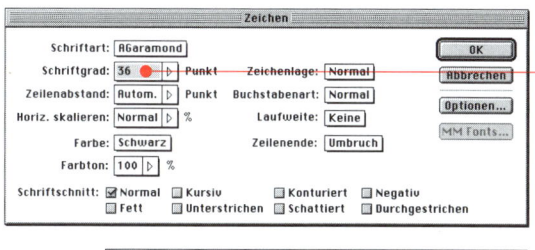

Einstellungen im PageMaker
Die Eingabe der Schriftgröße erfolgt im Menü «Schrift» und im Untermenü «Zeichen...».

Einstellungen im QuarkXPress
Die Eingabe der Schriftgröße in DTP-Punkt erfolgt im Menü «Stil» und im Untermenü «Zeichen...».

mm	Unter-länge	Film-transp.	
	0.30	1.50	Hng
	0.40	1.75	Hng
	0.45	2.25	Hng
	0.50	2.50	Hng
	0.60	3.00	Hng
	0.65	3.50	Hng
	0.70	3.75	Hng
	0.80	4,25	Hng
	0.90	4.50	Hng
	0.95	5.00	Hng
	1.00	5.25	Hng

mm	Unter-länge	Film-transp.	
	2.30	12.00	Hng
	2.50	12.75	Hng
	2.60	13.50	Hng
	2.90	15.00	Hng
	3.10	16.50	Hng
	3.50	18.00	Hng

Das Messen der Versalhöhe in Millimetern

Das Messen mit einer optischen Maßskala

Das Messen der Versalhöhe in Millimetern

Das Bestimmen der Schriftgröße kann auch durch das Messen der Versalhöhe erfolgen. Die Millimetermaße können anschließend in einem speziellen X-Tension-Programm eingegeben werden. Bei der Eingabe der Schriftgröße in Millimetern muss darauf geachtet werden, dass durch das Umrechnen in DTP-Punkte eine Rundungsdifferenz entstehen kann.

Das Messen mit einer optischen Maßskala

Das Messen der Schrift mit einer optischen Maßskala ergibt nur eine ungefähre Größenangabe, da im gleichen Schriftgrad die Versalhöhe von Schrift zu Schrift unterschiedlich sein kann.

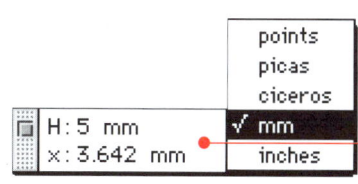

X-Tension im QuarkXPress
Die Schriftgröße kann in Millimetern mittels Angabe der Versalhöhe (H) oder der Mittellängenhöhe (x) eingegeben werden.

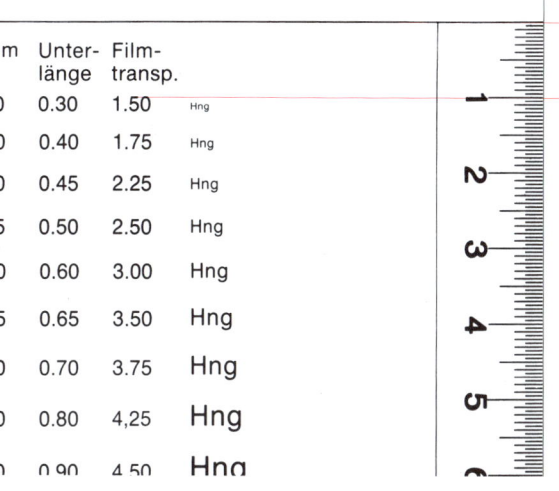

hm	Unter- länge	Film- transp.	
0	0.30	1.50	Hng
0	0.40	1.75	Hng
0	0.45	2.25	Hng
5	0.50	2.50	Hng
0	0.60	3.00	Hng
5	0.65	3.50	Hng
0	0.70	3.75	Hng
0	0.80	4,25	Hng
0	0.90	4.50	Hng

Das Messen eines Zeilenabstandes in Millimetern erfolgt immer von Schriftlinie zu Schriftlinie

Das Messen des Zeilen- abstandes in Millimetern

Der Zeilenabstand kann auch in Millimetern gemessen und direkt eingegeben werden. Die Millimeterangaben werden bei den meisten Programmen automatisch in DTP-Punkte umgerechnet.
Da jedoch beim Umrechnen auch hier eine Rundungs- differenz entsteht, sollte beim Fehlen einer speziellen X-Tension die Schriftgröße nur in DTP-Punkten ein- gegeben werden.

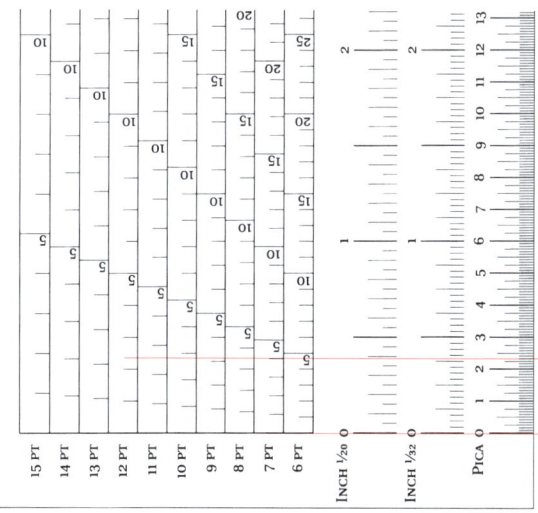

Das Messen eines Zeilenabstandes in DTP-Punkten erfolgt immer von Schriftlinie zu Schriftlinie

Das Messen des Zeilen- abstandes in DTP-Punkten

Der Zeilenabstand wird in DTP-Punkten gemessen und kann direkt in das Pro- gramm eingegeben werden.

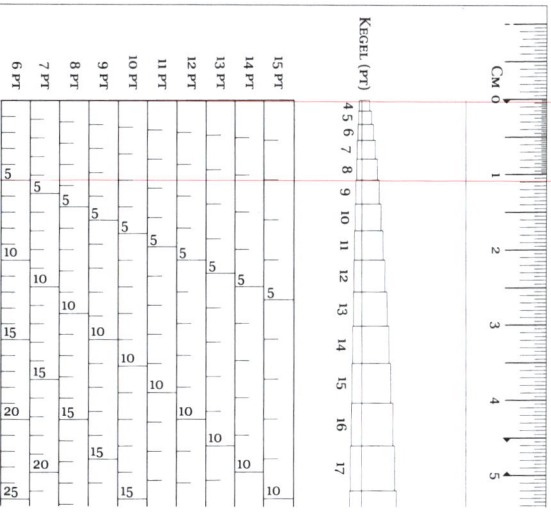

Das Messen eines Zeilenabstandes mit einer Maßskala erfolgt immer von Schriftlinie zu Schriftlinie

Das Messen des Zeilenabstandes mit einer speziellen Maßskala

Bei kleineren Schriftgraden (bis etwa 14 Punkt) kann der Zeilenabstand auch mit der Maß- Skala der «Zeilenanzahl/ Zeilenabstand-Messung» be- stimmt werden.

Anwendungsaufgabe

Bei den untenstehenden Schriftproben können die verschiedenen Messmethoden zur Ermittlung der Schriftgröße in DTP-Punkt und des Zeilenabstandes in DTP-Punkt und Millimetern geübt und angewendet werden.

Vollendete Typografie ist gewiss die sprödeste aller Künste. Aus starren, zusammenhanglosen, gegebenen Teilen soll ein Ganzes entstehen, das lebendig und wie aus einem Guss erscheint. Nur die Steinbildhauerei kommt vollendeter Typografie an Spröde nahe. Für die meisten Menschen bietet vollendete Typografie ästhetisch keine besonderen Reize, da sie schwer zugänglich ist wie die hohe Musik. Im besten Falle wird sie dankbar hingenommen. Das Bewusstsein, namenlos und meist ohne besondere Anerkennung wertvollen Werken und der knappen Anzahl optisch sensitiver Menschen einen Dienst zu erweisen, ist in der Regel die einzige Belohnung für die lange, doch nie endende Lehrzeit des Typografen.

Schriftgrad: 6 Punkt
Zeilenabstand DTP-Punkt: 9 Punkt
Zeilenabstand Millimeter: 3,18 mm

Vollendete Typografie ist gewiss die sprödeste aller Künste. Aus starren, zusammenhanglosen, gegebenen Teilen soll ein Ganzes entstehen, das lebendig und wie aus einem Guss erscheint. Nur die Steinbildhauerei kommt vollendeter Typografie an Spröde nahe. Für die meisten Menschen bietet vollendete Typografie ästhetisch keine besonderen Reize, da sie schwer zugänglich ist wie die hohe Musik. Im besten Falle wird sie dankbar hingenommen. Das Bewusstsein, namenlos und meist ohne besondere Anerkennung wertvollen Werken und der knappen Anzahl optisch sensitiver Men-

Schriftgrad: 8 Punkt
Zeilenabstand DTP-Punkt: 11 Punkt
Zeilenabstand Millimeter: 3,88 mm

Vollendete Typografie ist gewiss die sprödeste aller Künste. Aus starren, zusammenhanglosen, gegebenen Teilen soll ein Ganzes entstehen, das lebendig und wie aus einem Guss erscheint. Nur die Steinbildhauerei kommt vollendeter Typografie an Spröde nahe. Für die meisten Menschen bietet vollendete Typografie ästhetisch keine besonderen Reize, da sie schwer zugänglich ist wie die hohe Musik. Im besten Falle wird sie dankbar hingenommen. Das Bewusstsein,

Schriftgrad: 10 Punkt
Zeilenabstand DTP-Punkt: 13 Punkt
Zeilenabstand Millimeter: 4,59 mm

Vollendete Typografie ist gewiss die sprödeste aller Künste. Aus starren, zusammenhanglosen, gegebenen Teilen soll ein Ganzes entstehen, das lebendig und wie aus einem Guss erscheint. Nur die Steinbildhauerei kommt vollendeter Typografie an Spröde nahe. Für die meisten Menschen bietet vollendete Typografie ästhetisch keine besonderen Reize, da sie schwer zugänglich ist wie die

Schriftgrad: 12 Punkt
Zeilenabstand DTP-Punkt: 15 Punkt
Zeilenabstand Millimeter: 5,29 mm

Vollendete Typografie ist gewiss die sprödeste aller Künste. Aus starren, zusammenhanglosen, gegebenen Teilen soll ein Ganzes entstehen, das lebendig und wie aus einem Guss erscheint. Nur die Steinbildhauerei kommt vollendeter Typografie an Spröde nahe. Für

Schriftgrad: 14 Punkt
Zeilenabstand DTP-Punkt: 17 Punkt
Zeilenabstand Millimeter: 6 mm

Vollendete Typografie ist gewiss die sprödeste aller Künste. Aus starren, zusammenhanglosen, gegebenen Teilen soll ein Ganzes entstehen, das lebendig und wie aus einem Guss erscheint. Nur die Steinbildhaue-

Schriftgrad: 18 Punkt
Zeilenabstand DTP-Punkt: 21 Punkt
Zeilenabstand Millimeter: 7,41 mm

Vollendete Typografie ist gewiss die sprödeste aller Künste. Aus starren, zusammenhanglosen, gegebenen Teilen soll ein Ganzes entstehen, das lebendig

Schriftgrad: 24 Punkt
Zeilenabstand DTP-Punkt: 28 Punkt
Zeilenabstand Millimeter: 9,88 mm

Der Buchstabe

Unsere Buchstabenformen haben sich langsam entwickelt und wurden im Laufe der Zeit je nach Schreib- oder Herstellungstechnik immer wieder verändert. Der Buchstabe ist das kleinste Element bei der Entstehung eines Wortes oder eines ganzen Textes. Mit den einzelnen Buchstaben werden Wörter und Sätze gebildet, deren Anordnung wiederum die Form einer Drucksache bestimmt. Gleich welchen Laut sie bilden und welche Form sie aufweisen, sie sind immer nur ein Teil des Ganzen.

Die Grundformen der verschiedenen Buchstaben

Die Versalbuchstaben, abgeleitet von den Formen der römischen Kapitalschrift, sind aufgebaut auf den drei geometrischen Grundformen Dreieck, Quadrat und Kreis.

Der Stand des Buchstabens im fiktiven Kegel

Die Buchstaben stehen immer in einem unsichtbaren, vom Schrifthersteller vorgegebenen Feld (Dickte). Dieses Feld wird in Einheiten unterteilt, die dazu dienen, den Buchstaben genau zu plazieren und die Abstände von Buchstabe zu Buchstabe zu definieren. Werden nun die einzelnen auf vorbestimmtem Raum stehenden Zeichen nacheinander abgesetzt, so entsteht die Laufweite.

Das Standard-Geviert

Das Standard-Geviert basiert auf der Kegelgröße der aktiven Schrift.

Schriftgröße: 48 Punkt
Halbgeviert: 24/48 Punkt
Geviert: 48/48 Punkt

Das DTP-Geviert

Neben dem Standard-Geviert kann, mit den entsprechenden Vorgaben in den Grundeinstellungen, auch das DTP-Geviert verwendet werden. Dieses Geviert basiert auf der Breite der Ziffern (Ziffernbreite = Halbgeviert). Verändert sich die Breite der Ziffern, so verändert sich auch die Größe des Gevierts.

Schriftgröße: 48 Punkt
Zifferbreite/Halbgeviert: 32/48 Punkt
Geviert: 64/48 Punkt

Siehe auch Band 2, «Satztechnik»; Band 3, «Avor DTP».

Normale Schriften
Das Schriftgeviert wird im Layoutprogramm «QuarkXPress» in 200 Einheiten aufgeteilt, welches bei der nebenstehenden Schrift in etwa der Breite des Versalbuchstabens «W» entspricht.

Schmale Schriften
Bei einer schmalen Schrift (condensed) benötigt der Versalbuchstabe «W», wegen seiner schmalen Form, nur etwa 96 Einheiten.

Breite Schriften
Bei einer breiten Schrift (extended) benötigt der Versalbuchstabe «W» mehr Raum (etwas über 200 Einheiten).

Wie die Typogra-

Wortzwischenraum

Buchstabenraum

Die Schreibmaschinenschrift

Bei der Schreibmaschinen-
schrift weisen alle Buchstaben,
Zeichen und Wortabstände
die gleiche Dickte auf. Das
heißt, dass sowohl der breite
Buchstabe «W» wie auch
der schmale Buchstabe «i» die
gleiche Dicktenbreite aufweisen. Somit stehen alle Zeichen, Buchstaben und
Interpunktionen immer zentriert
untereinander.

Die Buchstabenräume

Neben den sichtbaren Buchstabenformen spielen auch
die «nicht sichtbaren Räume»
zwischen den einzelnen
Zeichen eine wichtige Rolle für
die Lesbarkeit des Buch-
stabens. Den Weißraum, der
den Abstand zwischen den
Buchstaben festlegt, bezeichnet man als «Fleisch». Der
geschlossene Innenteil eines
Buchstabens wird als «ge-
schlossener Punzen» und der
nach einer Seite offene
Buchstabenraum als «offener
Punzen» bezeichnet.

Siehe auch Band 2, «Satztechnik».

Zeichenbreite | Dickte

Fleisch

Vorbreite (Fleisch)

Geschlossener
Punzen

Nach- und Vorbreite
(Fleisch) zwischen den
Buchstaben

Offener Punzen

Nachbreite (Fleisch)

① Oberkant Oberlänge
② Oberlänge
③ Mittellänge
④ Schriftlinie
⑤ Unterlänge

⑥ hp-Höhe oder größte vertikale Ausdehnung der Schrift
⑦ Versalhöhe
⑧ Mittellängenhöhe oder x-Höhe
⑨ Unterlängenhöhe

Die Buchstabenteile

Die einzelnen Teile eines Buchstabens werden mit speziellen Fachbegriffen bezeichnet. Diese Begriffe dienen zur besseren Verständigung bei der Satzherstellung und erleichtern die Angaben bei der Schriftpositionierung.

Die Proportionen

Die verschiedenen Proportionen oder Verhältnisse bei den Buchstaben, z. B. das Verhältnis von der Mittellänge zur Oberlänge, werden bei jeder Schrift individuell gestaltet. Somit werden nur die Bezeichnungen der Buchstabenteile überall gleich angewendet, aber nicht die Proportionen.

Schriften:
Garamond Regular
Times Ten Roman
Futura Book
Akzidenz Grotesk Regular

Schriftgröße:
54 Punkt

Abständе
±0

Abständе
+10

Abständе
−10

**Das Verändern
des Buchstabenabstandes**

Die vorbestimmte Zeichen-
breite (Dickte) legt den minima-
len Abstand von Zeichen
zu Zeichen fest. Diese Werte
können nun bei einzelnen
Zeichen oder generell bei allen
Zeichen verkleinert oder
vergrößert werden. Bei der Veränderung der Buchstaben-
abstände oder Laufweite sollte
jedoch darauf geachtet werden, dass die Abstände für jede
Schrift individuell eingestellt
werden, da die Dicktenwerte von
Schrift zu Schrift verschieden
sind.

Schriften:
Garamond Regular 54 Punkt
Garamond Regular 11/13 Punkt

Siehe auch Band 2, «Satztechnik»;
Band 3, «Avor DTP».

Bequeme Lesbarkeit ist die
oberste Richtschnur aller
Typografie. Über Lesbarkeit
kann jedoch nur der ein
Urteil fällen, der im Lesen
wirklich geübt ist. Nicht
jeder, der eine Fibel oder
auch eine Zeitung lesen
kann, ist Richter; denn beides ist in der Regel gerade noch leserlich, entzifferbar. Entzifferbarkeit und
ideale Lesbarkeit sind Gegensätze. Gute Lesbarkeit
hängt von der richtigen
Wahl der Schrift und der
ihr angemessenen Satzweise
ab. Gründliche Kennt-

Buchstabenabstand ±0.

Bequeme Lesbarkeit ist
die oberste Richtschnur
aller Typografie. Über
Lesbarkeit kann jedoch
nur der ein Urteil fällen,
der im Lesen wirklich
geübt ist. Nicht jeder, der
eine Fibel oder auch
eine Zeitung lesen kann,
ist Richter; denn bei-
des ist in der Regel gerade noch leserlich, ent-
zifferbar. Entzifferbarkeit
und ideale Lesbarkeit
sind Gegensätze. Gute
Lesbarkeit hängt von
der richtigen Wahl der
Schrift und der ihr ange-

Buchstabenabstand +10.

Bequeme Lesbarkeit ist die
oberste Richtschnur aller Typografie. Über Lesbarkeit kann
jedoch nur der ein Urteil fällen,
der im Lesen wirklich geübt
ist. Nicht jeder, der eine Fibel
oder auch eine Zeitung lesen
kann, ist Richter; denn beides ist
in der Regel gerade noch leserlich, entzifferbar. Entzifferbarkeit und ideale Lesbarkeit sind
Gegensätze. Gute Lesbarkeit
hängt von der richtigen Wahl
der Schrift und der ihr angemessenen Satzweise ab. Gründliche Kenntnisse in der Geschichte der Buchdrucklettern sind
eine unabdingbare Vorausset-

Buchstabenabstand −10.

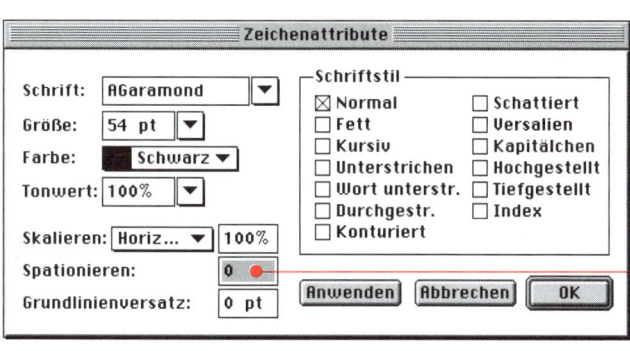

Einstellungen im PageMaker
Die Eingabe der Werte erfolgt
im Menü «Schrift» und dem Untermenü «Laufweite».

Einstellungen im QuarkXPress
Die Eingabe der Werte erfolgt
im Menü «Stil» und im Untermenü
«Zeichen...».

Typografie

Typografie

−24

Typografie

Typografie

Normal abgesetzter Text
Der Buchstabenabstand zwischen
«T» und «y» wirkt optisch zu groß.

Ausgeglichener Text
Der Buchstabenabstand zwischen
«T» und «y» wurde optisch den
anderen Abständen angeglichen.

BASEL

BASEL

±0   +4   +10   +14

BASEL

BASEL

Normal abgesetzter Text
Durch die großen Abstände
zwischen «B», «A» und «S», bilden
sich optisch drei Gruppen.

Ausgeglichener Text
Durch unterschiedliches Verändern
der Buchstabenabstände wird
eine optische Einheit des Wortes
erreicht.

Das individuelle Verändern der Buchstabenabstände

Kommen in einem Text besondere Buchstabenkombinationen vor wie zum Beispiel «Te», «Vo» oder «Wa», so können diese Abstände individuell oder mittels eines speziellen Ästhetikprogrammes verändert werden. Dieser Vorgang wird je nach Programm als «Unterschneiden» oder «Kerning» bezeichnet.

Beim Versalsatz gelten grundsätzlich die gleichen Voraussetzungen, wobei bei den speziellen Ästhetikprogrammen die Großbuchstabenkombinationen weniger gut ausgebaut sind.

Schrift:
Garamond Regular 54 Punkt

Siehe auch «Ausgleichen», Seite 21;
Band 3, «Avor DTP».

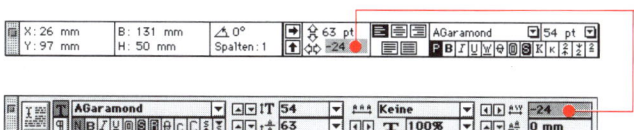

Einstellungen im QuarkXPress und PageMaker
Das individuelle Verändern der Buchstabenabstände erfolgt in der Maßpalette/Kontrollpalette.

Anfänger und Amateure messen dem sogenannten Einfall zuviel Gewicht bei. Vollkommene Typografie entsteht vorwiegend
durch die Wahl zwischen verschiedenen
Möglichkeiten, deren Kenntnis Sache langer Erfahrung, wie die richtige Wahl Sache
des Taktes ist. Gute Typografie kann nicht
witzig sein. Sie ist das genaue Gegenteil
eines Abenteuers. Der Einfall zählt also
wenig oder gar nicht. Er zählt um so weniger, als er nur auf gerade eine Arbeit
anwendbar ist. In einer guten typografischen Arbeit sind alle einzelnen Teile for-
mal durcheinander bedingt, und ihre Verhältnisse werden langsam erst während
der Arbeit entwickelt. Gute Typografie ist
heute eine eminent logische Kunst und
unterscheidet sich durch den Anteil selbst
von Laien nachprüfbarer Logik von allen
anderen Künsten.

Unveränderte Abstände zwischen den Buchstaben.

Anfänger und Amateure messen dem sogenannten Einfall zuviel Gewicht bei. Vollkommene Typografie entsteht vorwiegend
durch die Wahl zwischen verschiedenen
Möglichkeiten, deren Kenntnis Sache langer Erfahrung, wie die richtige Wahl Sache
des Taktes ist. Gute Typografie kann nicht
witzig sein. Sie ist das genaue Gegenteil
eines Abenteuers. Der Einfall zählt also
wenig oder gar nicht. Er zählt um so weniger, als er nur auf gerade eine Arbeit
anwend-bar ist. In einer guten typografischen Arbeit sind alle einzelnen Teile for-
mal durcheinander bedingt, und ihre Verhältnisse werden langsam erst während
der Arbeit entwickelt. Gute Typografie ist
heute eine eminent logische Kunst und
unterscheidet sich durch den Anteil selbst
von Laien nachprüfbarer Logik von allen
anderen Künsten.

**Veränderte Abstände zwischen den Buchstaben
Ta, Te, Ty, Ve, Vo und Wa.**

Das Ästhetikprogramm

Die einzelnen Zeichenabstände
können im Ästhetikprogramm
paarweise verändert und eingestellt werden. Damit das
Ästhetikprogramm im Layoutprogramm automatisch an-
gewählt wird, muss die richtige
Grundeinstellung aktiviert
werden.

Der Versalsatz

Der Versalsatz ist schwer lesbar
und sollte bei größeren Text-
mengen grundsätzlich vermieden
werden. In den Grundeinstellungen des Ästhetikprogrammes
sind wenige Buchstabenkombinationen für die Versalien vorhanden. Somit sollte für eine
bessere Lesbarkeit beim Versalsatz der Buchstabenabstand
generell immer erweitert werden.

ANFÄNGER UND AMATEURE MESSEN
DEM SOGENANNTEN EINFALL ZU-
VIEL GEWICHT BEI. VOLLKOMMENE
TYPOGRAFIE ENTSTEHT VORWIE-
GEND DURCH DIE WAHL ZWISCHEN
VERSCHIEDENEN MÖGLICHKEI-
TEN, DEREN KENNTNIS SACHE LAN-
GER ERFAHRUNG, WIE DIE RICH-
TIGE WAHL SACHE DES TAKTES IST.
GUTE TYPOGRAFIE KANN NICHT
WITZIG SEIN. SIE IST DAS GENAUE
GEGENTEIL EINES ABENTEUERS.
DER EINFALL ZÄHLT ALSO WENIG
ODER GAR NICHT. ER ZÄHLT UM
SO WENIGER, ALS ER NUR AUF GERA-

**Schlechtere Lesbarkeit durch unveränderte Buch-
stabenabstände (Laufweite im QuarkXPress ±0).**

ANFÄNGER UND AMATEURE MES-
SEN DEM SOGENANNTEN
EINFALL ZUVIEL GEWICHT BEI.
VOLLKOMMENE TYPOGRAFIE
ENTSTEHT VORWIEGEND DURCH
DIE WAHL ZWISCHEN VER-
SCHIEDENEN MÖGLICHKEITEN,
DEREN KENNTNIS SACHE
LANGER ERFAHRUNG, WIE DIE
RICHTIGE WAHL SACHE DES
TAKTES IST. GUTE TYPOGRAFIE
KANN NICHT WITZIG SEIN.
SIE IST DAS GENAUE GEGENTEIL
EINES ABENTEUERS. DER EIN-
FALL ZÄHLT ALSO WENIG ODER

**Bessere Lesbarkeit durch veränderte Laufweite
(Laufweite im QuarkXPress +15).**

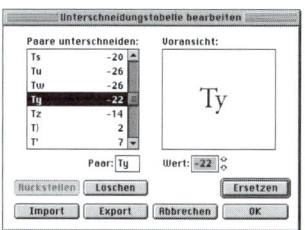

Einstellungen im QuarkXPress
Die Einstellung erfolgt im Menü
«Hilfsmittel» und im Untermenü
«Unterschneidung bearbeiten...».

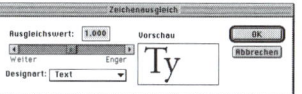

Einstellungen im PageMaker
Die Einstellung erfolgt im Menü
«Schrift» und im Untermenü
«Zeichenausgleich bearbeiten...».

Siehe auch Band 3, «Avor DTP».

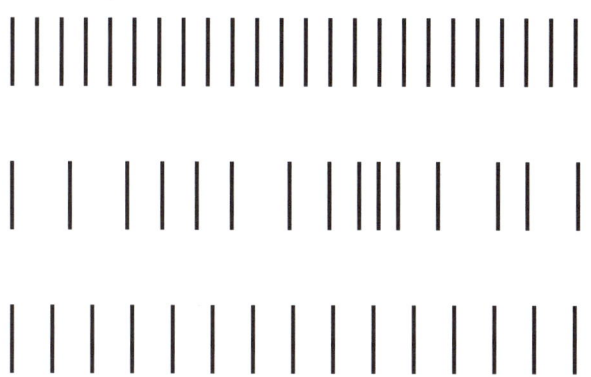

Regelmäßige Abstände
Die Striche wirken ruhig und ergeben optisch eine «Einheit».

Unregelmäßige Abstände
Optisch ergeben sich mehrere Gruppen.

Angleichen der Abstände
Die Gruppe wirkt optisch wieder als «Einheit».

Das Ausgleichen von Versalbuchstaben
Da die Versalbuchstaben von Grund auf unterschiedliche Innen- und Außenräume aufweisen, ist der Versalsatz schwerer lesbar. Durch das Aus- und Angleichen der bestehenden Räume zueinander wird ein gleichmäßiger Rhythmus angestrebt und dadurch eine bessere Lesbarkeit erreicht.

BASELSTADT
BASELSTADT

BASELSTADT
BASELSTADT

BASELSTADT
BASELSTADT

BASELSTADT
BASELSTADT

Unausgeglichene und ausgeglichene Wortbeispiele.

Der Schriftcharakter
Beim Ausgleichen sollten folgende Punkte berücksichtigt werden:

Normale Antiqua-Schriften können wegen der ausladenden Serifen und großen Punzen offener ausgeglichen werden.

Normale Grotesk-Schriften können wegen der großen Punzen ebenfalls offener ausgeglichen werden, sollten aber um den Raum der wegfallenden Serifen enger gehalten werden.

Fette und schmale Schriften können wegen ihren kleineren Punzen generell enger ausgeglichen werden.

Schriften:
Garamond Regular
Akzidenz Grotesk Regular
Akzidenz Grotesk Bold
Akzidenz Grotesk Condensed

Schriftgröße:
36 Punkt

BASELSTADT

BASELSTADT

BASELSTADT

EL **EL** **EL**

LS **LS** **LS**

TA **TA** **TA**

Die unveränderten Buchstabenabstände.

Der Kegel/Dickte des Buchstabens.

Die optischen Zwischenräume in und zwischen den Buchstaben.

Der optisch kleinste Buchstabenabstand (kann nur erweitert werden).

Der optisch größte, unveränderbare Buchstabenabstand (kann nur erweitert werden).

Der optisch größte, veränderbare Buchstabenabstand (kann erweitert und verringert werden).

Die Grundlagen beim Ausgleichen

Bei allen Buchstabenkombinationen bestehen veränderbare und unveränderbare Buchstabenabstände. Beim Ausgleichen versucht man die optisch kleinsten Räume den optisch größten, unveränderbaren Räumen anzugleichen. Dabei sollte aber nicht nur der optische Buchstabenzwischenraum beachtet werden, sondern auch der Innenraum des Buchstabens.

BASELSTADT

BASELSTADT

BASELSTADT

BASELSTADT

BASELSTADT

BASELSTADT

Das Vorgehen beim Ausgleichen

Absetzen des Wortes ohne Veränderung der Buchstabenabstände.

Bestimmen der größten Buchstabenzwischenräume.

Angleichen der größten veränderbaren an die größten unveränderbaren Zwischenräume.

Angleichen der optisch kleinsten Buchstabenzwischenräume.

Restliche Buchstabenzwischenräume den bestehenden angleichen.

Das Wort sollte nun optisch zwischen den einzelnen Buchstaben einen gleichmäßigen Abstand (Weißraum) aufweisen.

Grundlegende und neue Versuche mit alternativen Energieträgern

Grundlegende und neue Versuche mit alternativen Energieträgern

Grundlegende und neue Versuche mit alternativen Energieträgern

Grundlegende und neue Versuche mit alternativen Energieträgern

Die Typografie

Der Typograf gibt dem Wort die sichtbare Form und konserviert es für die Zukunft. Die einfachste typografische Verrichtung erzeugt Formprobleme. Beim

Die Typografie

Der Typograf gibt dem Wort die sichtbare Form und konserviert es für die Zukunft. Die einfachste typografische Verrichtung erzeugt Formprobleme. Beim

Die Typografie

Der Typograf gibt dem Wort die sichtbare Form und konserviert es für die Zukunft. Die einfachste typografische Verrichtung erzeugt Formprobleme. Beim

Die Typografie

Der Typograf gibt dem Wort die sichtbare Form und konserviert es für die Zukunft. Die einfachste typografische Verrichtung erzeugt Formprobleme. Beim

Der optische Randausgleich

Neben dem Ausgleichen von Versalbuchstaben sollte für einen hochwertigen Satz, vor allem bei größeren Schriftgraden, auch die vertikale Satzkante optisch ausgeglichen werden.
Beim oberen linken Beispiel steht das Wort «Versuche» auf der gleichen Satzkante wie die übrigen Wörter. Das Wort «Versuche» wirkt dadurch optisch zu weit nach rechts versetzt. Beim zweiten, rechten Beispiel wurde das Wort «Versuche» nach links über die Satzkante hinaus versetzt. Dadurch stehen optisch alle Wörter auf der gleichen Satzkante.

Das Verändern der Satzkante

Der Stand des Buchstabens über die Satzkante hinaus lässt sich beim Layoutprogramm QuarkXPress nur durch das Einfügen und Unterschneiden eines zusätzlichen Wortzwischenraumes verändern.

Der Randausgleich bei Titeln

Der Randausgleich sollte auch bei optisch sichtbaren Verschiebungen zwischen Titel und Text angewendet werden.
Die beiden unteren Beispiele zeigen jeweils in der linken Textspalte die unkorrigierte und in der rechten Textspalte die korrigierte Satzkante.

Siehe auch Band 3, «Avor Text/Avor DTP», S. 69.

LAGER
LAGER

Akzidenz Grotesk
Regular.

TYPOGRAFIE
TYPOGRAFIE

Akzidenz Grotesk
Regular.

RATLOS
RATLOS

Garamond Regular.

TAKTIK
TAKTIK

Garamond Regular.

HALTEPUNKT
HALTEPUNKT

Akzidenz Grotesk
Bold.

KAMMER
KAMMER

Akzidenz Grotesk
Bold.

JUBILÄUM
JUBILÄUM

Akzidenz Grotesk
Condensed Bold.

AKTUALITÄTEN
AKTUALITÄTEN

Akzidenz Grotesk
Condensed Bold.

Anwendungsaufgabe
Die nebenstehenden Beispiele können unausgeglichen auf dem Computer abgesetzt und anschließend anhand der gezeigten Beispiele nachgesetzt, ausgeglichen und verglichen werden.

Schriftgröße: 28 Punkt

Das Zeichen im Schriftsystem

Als Schrift im technischen Sprachgebrauch versteht man das vollständige Alphabet einer Schrift. Dazu gehören die Versalien, die Gemeinen, die Ligaturen, die Akzente, die Ziffern und die Interpunktionen. Das Alphabet umfasst rund 124 Zeichen, wobei hier die zusätzlichen Spezialzeichen wie mathematische Zeichen usw. nicht miteingerechnet sind.

E F H I L T

Buchstaben mit geraden Formen.

A K M N V

Buchstaben mit geraden und diagonalen Formen.

W X Y Z

B C D G J O

Buchstaben mit geraden und runden Formen.

P Q R

a c e m n o r

Buchstaben mit Mittellänge.

s u v w x z

b d f i k l t

Buchstaben mit Oberlänge.

g p q y

Buchstaben mit Unterlänge.

j

Buchstabe mit Oberlänge und Unterlänge.

Die Versalien

Die Großbuchstaben werden mit dem Fachbegriff «Versalien» (oder alt «Majuskeln») bezeichnet. Sie weisen die Höhe von der Schriftlinie bis zur Oberlänge auf. Die Versalbuchstaben können in die links aufgeführten drei Gruppen aufgeteilt werden.

Die Gemeinen

Die Kleinbuchstaben werden mit dem Fachbegriff «Gemeine» (alt: «Minuskeln») bezeichnet. Die Zeichen lassen sich in Buchstaben mit Mittellänge, Oberlänge und Unterlänge aufteilen.

M J — Akzidenz Grotesk Regular

M J — Gill Sans Regular

M J — Garamond Regular

M J — Times Ten Roman

Der Versalbuchstabe «J» ist einer der wenigen Buchstaben, der bei einigen Schriftschnitten eine Unterlänge aufweist.

Ä Ö Ü ä ö ü

Umlaute.

À È Ì Ò Ù à è ì ò ù

Akzent «Gravis».

Á É Í Ó Ú á é í ó ú

Akzent «Akut».

Â Ê Î Ô Û â ê î ô û

Akzent «Zirkumflex».

Ë Ï ë ï

Akzent «Trema».

Ã Ñ Õ ã ñ õ

Akzent «Tilde».

Å å

Akzent mit «Kreisen».

Ç ç

Akzent «Cedille».

Die Akzente und Umlaute
Die Umlaute für die Gemeinen
und einige Akzente sind auf
der Tastatur direkt anwählbar.
Die Umlautzeichen für die
Versalien und die Akzente in
den verschiedenen Spra-
chen müssen speziell getastet
oder mit einer anderen
Tastaturbelegung gesetzt
werden.

Siehe auch Band 3, «Avor DTP».

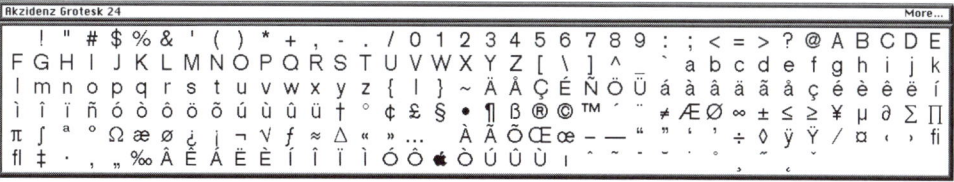

Nicht jedes Zeichen ist über
die Tastatur direkt anwählbar.
Nur über ein Spezialpro-
gramm, wie z.B. das Programm
«PopChar», können alle
vorhandenen Zeichen gesetzt
werden.

Æ Œ æ œ

Diese Ligaturen verwendet man für Wörter wie z.B. «Œuvre» oder «Ærø».

ff fi fl ffi ffl

Diese Ligaturen sollten im Antiquasatz immer angewendet werden.

ß

Die Ligatur «Eszett» gilt als 1 Buchstabe.

schaffen
erfinden
abflauen

ich schaufle
höflich

Schaffell
Kaufleute

Schifflager
Schilfinsel

Die Ligaturen

Die aus formalen Gründen näher zusammengefügten Buchstaben bezeichnet man als «Ligaturen». Es werden jeweils zwei bis drei Buchstaben zu einem neuen Zeichen zusammengefügt und gestaltet, das dann als ein Buchstabe gesetzt werden kann. Selten sind in einem Schriftfont alle nötigen Ligaturen vorhanden. Für Antiquaschriften sind aber Expert-Fonts erhältlich, welche alle Spezialzeichen enthalten.

Anwendungsregeln für die Ligaturen

Eine Ligatur muss gesetzt werden, wenn die Ligatur die Buchstaben zusammenfasst, die im Wortstamm zusammengehören.

Keine Ligatur steht zwischen dem Wortstamm und der Endung (Ausnahme fi).

Keine Ligatur steht in der Wortfuge von Zusammensetzungen.

Aus formalen Gründen können entgegen der obigen Regeln die Ligaturen immer angewendet werden. Bei der automatischen Trennung können jedoch bei dieser Regel Probleme entstehen.

Siehe auch Band 2, «Satztechnik».

Punkt, Doppelpunkt, Komma, Strichpunkt, Fragezeichen, Ausrufezeichen.

— – -

Geviertstrich, Halbgeviertstrich (Gedankenstrich), Divis.

( ) [ ] { }

Runde Klammern, eckige Klammern, Akkoladen oder Nasenklammern.

$ £ ¥ † & * /

Dollar-, Pfund-, Yen-, Kreuz-, Et-, Stern-/Fußnotenzeichen, Schrägstrich.

% ‰ °

Prozent-, Promille-, Gradzeichen.

@ ® © ™

E-Mail-, Register-, Copyright-, Trademarkzeichen.

’

Apostroph.

Anführungs- und Schlusszeichen.

‘ ’ ‘
’

« » » «

‹ › › ‹

Interpunktionen und Spezialzeichen

Diese Zeichen ordnen und gliedern das Geschriebene. Für den laut Lesenden waren sie Atem- und Modulationszeichen, heute dienen sie als Glieder-, Wert- und Ordnungszeichen.

Die Tastaturbelegung der Spezialzeichen

Nicht alle Spezialzeichen sind auf der «normalen Tastatur» direkt anwählbar. Damit alle Zeichen gesetzt werden können, muss entweder die Tastatur auf eine andere Sprache umgestellt werden oder man verwendet einen Expert-Font.

Siehe auch Band 3, «Avor DTP».

Der Taxichauffeur sympathisierte augenblicklich mit meinem Unfall-Bein und erzählte auch gleich eine Geschichte von einem Mädchen, das er letzthin hierher transportierte. „Der Vater", sagte er, „hat das Mädchen spitalreif geschlagen, weil er nicht wollte, dass sie mit einem Mann, dessen Nase ihm nicht gefiel, ein Verhältnis hätte. Der Mann aber", sagte der Chauffeur vielsagend weiter, „wurde darauf vom Freund des Mädchens ebenfalls zusammengeschlagen. Zufälligerweise musste ich auch ihn hierher transportieren. Nicht genug", fuhr er fort, „musste ich dann auch diesen Freund herchauffieren, weil er, der Freund, nämlich von der Mutter der Tochter…" „Stopp", zischte ich, „stopp." Er hielt den Wagen an. „Nein", sagte ich, „hören Sie auf mit dieser Geschichte." Wie nicht anders zu erwarten, war ich für kurze Zeit der Größte in der Beiz.

Deutsche Anführungs- und Schlusszeichen in einer Antiqua-Schrift („").

Der Taxichauffeur sympathisierte augenblicklich mit meinem Unfall-Bein und erzählte auch gleich eine Geschichte von einem Mädchen, das er letzthin hierher transportierte. «Der Vater», sagte er, «hat das Mädchen spitalreif geschlagen, weil er nicht wollte, dass sie mit einem Mann, dessen Nase ihm nicht gefiel, ein Verhältnis hätte. Der Mann aber», sagte der Chauffeur vielsagend weiter, «wurde darauf vom Freund des Mädchens ebenfalls zusammengeschlagen. Zufälligerweise musste ich auch ihn hierher transportieren. Nicht genug», fuhr er fort, «musste ich dann auch diesen Freund herchauffieren, weil er, der Freund, nämlich von der Mutter der Tochter…» «Stopp», zischte ich, «stopp.» Er hielt den Wagen an. «Nein», sagte ich, «hören Sie auf mit dieser Geschichte.» Wie nicht anders zu erwarten, war ich für kurze Zeit der Größte in der Beiz.

Schweizerische/französische Anführungs- und Schlusszeichen in einer Antiqua-Schrift («»).

Der Taxichauffeur sympathisierte augenblicklich mit meinem Unfall-Bein und erzählte auch gleich eine Geschichte von einem Mädchen, das er letzthin hierher transportierte. „Der Vater", sagte er, „hat das Mädchen spitalreif geschlagen, weil er nicht wollte, dass sie mit einem Mann, dessen Nase ihm nicht gefiel, ein Verhältnis hätte. Der Mann aber", sagte der Chauffeur vielsagend weiter, „wurde darauf vom Freund des Mädchens ebenfalls zusammengeschlagen. Zufälligerweise musste ich auch ihn hierher transportieren. Nicht genug", fuhr er fort, „musste ich dann auch diesen Freund herchauffieren, weil er, der Freund, nämlich von der Mutter der Tochter…" „Stopp", zischte ich, „stopp." Er hielt den Wagen an. „Nein", sagte ich, „hören Sie auf mit dieser Geschichte." Wie nicht anders zu erwarten, war ich für kurze Zeit der Größte in der Beiz.

Deutsche Anführungs- und Schlusszeichen in einer Grotesk-Schrift („").

Der Taxichauffeur sympathisierte augenblicklich mit meinem Unfall-Bein und erzählte auch gleich eine Geschichte von einem Mädchen, das er letzthin hierher transportierte. «Der Vater», sagte er, «hat das Mädchen spitalreif geschlagen, weil er nicht wollte, dass sie mit einem Mann, dessen Nase ihm nicht gefiel, ein Verhältnis hätte. Der Mann aber», sagte der Chauffeur vielsagend weiter, «wurde darauf vom Freund des Mädchens ebenfalls zusammengeschlagen. Zufälligerweise musste ich auch ihn hierher transportieren. Nicht genug», fuhr er fort, «musste ich dann auch diesen Freund herchauffieren, weil er, der Freund, nämlich von der Mutter der Tochter…» «Stopp», zischte ich, «stopp.» Er hielt den Wagen an. «Nein», sagte ich, «hören Sie auf mit dieser Geschichte.» Wie nicht anders zu erwarten, war ich für kurze Zeit der Größte in der Beiz.

Schweizerische/französische Anführungs- und Schlusszeichen in einer Grotesk-Schrift («»).

Die Anwendung der Anführungszeichen

Nachfolgend die Anführungs- und Schlusszeichen für die verschiedenen Sprachgebiete:

„Anführung"
Deutscher Sprachraum.

‚Einfache Anführung'
Deutscher Sprachraum.

"Anführung"
Englischer Sprachraum.

'Einfache Anführung'
Englischer Sprachraum.

«Anführung»
Französischer und schweizerischer Sprachraum.

‹Einfache Anführung›
Französischer und schweizerischer Sprachraum.

»Anführung«
Deutscher Sprachraum.

›Einfache Anführung‹
Deutscher Sprachraum.

Anwendungsaufgabe

Anhand der nebenstehenden Tastaturkombinationen können die Zeichen auf dem Computer abgesetzt, überprüft und neue dazugestellt werden (Einstellung: Schweizerische Tastaturbelegung).

Die Ziffern

Der Begriff «Ziffer» kommt aus dem Arabischen («al sifre») und bedeutet «Nichts» oder «Null». Das einzelne Zeichen, zum Beispiel die «3», wird als «Ziffer» bezeichnet. Eine Zahl ergibt sich aus der Zusammensetzung verschiedener Ziffern (z.B. 1996). Man unterscheidet zwischen den arabischen und den römischen Ziffern.

1234567890

Minuskel- oder auch Mediävalziffern (gemeine Ziffern).

1234567890

1234567890

Majuskelziffern (Versalziffern).

4057 Basel

4057 Basel

Frutiger
Die Ziffern haben die gleiche Höhe wie die Versalbuchstaben.

4057 Basel

4057 Basel

Sabon Roman
Die Ziffern haben die gleiche Höhe wie die Versalbuchstaben.

4057 Basel

4057 Basel

Akzidenz Grotesk
Die Ziffern sind niedriger als die Versalbuchstaben.

Die arabischen Ziffern

Bei den Renaissance-, Barock- und klassizistischen Antiquaschriften werden grundsätzlich zwei Arten von Ziffern unterschieden: die Minuskelziffern und die Majuskelziffern. Die Minuskelziffern weisen wie die gemeinen Buchstaben Ober- und Unterlängen auf. Sie gleichen sich im laufenden Text besser dem übrigen Rhythmus von Ober- und Unterlängen an und wirken daher ruhiger. Die Majuskelziffern weisen die gleiche Höhe wie die Versalbuchstaben auf. Sie wirken im laufenden Text unruhiger und sind dadurch auch schneller erkennbar.

Die Anwendung der Ziffern im Text

Werden im Antiquasatz die Majuskelziffern im Grundtext verwendet und sind keine Minuskelziffern vorhanden, so sollten die Ziffern etwas kleiner gesetzt werden als der übrige Text.
Bei den serifenbetonten und serifenlosen Schriften sind meistens nur Majuskelziffern vorhanden, welche die gleiche Höhe aufweisen wie die Versalien. Bei einigen Schriften, wie z.B. bei der New Johnston oder Akzidenz Grotesk, sind die Ziffern bereits im Schrift-Font kleiner vorhanden.

Siehe auch Band 2, «Satztechnik».

Der geübte Leser liest, indem sein Auge ruckartig über die Zeilen fährt. Diese kurzen Bewegungen werden Saccaden genannt, die mit Fixationsperioden von 0,2 bis 0,4 Sekunden abwechseln. In mehreren Saccaden wird eine Zeile abgetastet, und in einer großen springt das Auge nach links zum nächsten Zeilenanfang zurück. Nur während einer Fixation wird die visuelle Information aufgenommen. Bei einer durchschnittlichen Buch-Schriftgröße sind es 5 bis 10 Buchstaben, in der deutschen Sprache also etwa 1 bis 2 Wörter. Dabei kann eine Saccade im Wortinnern enden oder dort beginnen. Von den höchstens 10 Buchstaben werden während eines Ruheintervalls nur die 3–4 im Fixationspunkt liegenden scharf erfaßt, die übrigen nimmt das Auge undeutlich und nur im Zusammenhang wahr.

Die Antiquaschrift «Garamond Regular» mit
Mediävalziffern.

Der geübte Leser liest, indem sein Auge ruckartig über die Zeilen fährt. Diese kurzen Bewegungen werden Saccaden genannt, die mit Fixationsperioden von 0,2 bis 0,4 Sekunden abwechseln. In mehreren Saccaden wird eine Zeile abgetastet, und in einer großen springt das Auge nach links zum nächsten Zeilenanfang zurück. Nur während einer Fixation wird die visuelle Information aufgenommen. Bei einer durchschnittlichen Buch-Schriftgröße sind es 5 bis 10 Buchstaben, in der deutschen Sprache also etwa 1 bis 2 Wörter. Dabei kann eine Saccade im Wortinnern enden oder dort beginnen. Von den höchstens 10 Buchstaben werden während eines Ruheintervalls nur die 3–4 im Fixationspunkt liegenden scharf erfaßt, die übrigen nimmt das Auge undeutlich und nur im Zusammenhang wahr.

Die Antiquaschrift «Garamond Regular» mit
Majuskelziffern.

Die Mediäval- und Majuskelziffern
Die meisten Schrift-Fonts bei den Antiquaschriften enthalten keine Mediävalziffern. Diese müssen mittels eines speziellen Expert-Fonts gesetzt werden.

Der geübte Leser liest, indem sein Auge ruckartig über die Zeilen fährt. Diese kurzen Bewegungen werden Saccaden genannt, die mit Fixationsperioden von 0,2 bis 0,4 Sekunden abwechseln. In mehreren Saccaden wird eine Zeile abgetastet, und in einer großen springt das Auge nach links zum nächsten Zeilenanfang zurück. Nur während einer Fixation wird die visuelle Information aufgenommen. Bei einer durchschnittlichen Buch-Schriftgröße sind es 5 bis 10 Buchstaben, in der deutschen Sprache also etwa 1 bis 2 Wörter. Dabei kann eine Saccade im Wortinnern enden oder dort beginnen. Von den höchstens 10 Buchstaben werden während eines Ruheintervalls nur die 3–4 im Fixationspunkt liegenden scharf erfaßt, die übrigen nimmt das Auge undeutlich und nur im Zusammenhang wahr.

Die Groteskschrift «Frutiger Roman» mit gleich
großen Ziffern.

Der geübte Leser liest, indem sein Auge ruckartig über die Zeilen fährt. Diese kurzen Bewegungen werden Saccaden genannt, die mit Fixationsperioden von 0,2 bis 0,4 Sekunden abwechseln. In mehreren Saccaden wird eine Zeile abgetastet, und in einer großen springt das Auge nach links zum nächsten Zeilenanfang zurück. Nur während einer Fixation wird die visuelle Information aufgenommen. Bei einer durchschnittlichen Buch-Schriftgröße sind es 5 bis 10 Buchstaben, in der deutschen Sprache also etwa 1 bis 2 Wörter. Dabei kann eine Saccade im Wortinnern enden oder dort beginnen. Von den höchstens 10 Buchstaben werden während eines Ruheintervalls nur die 3–4 im Fixationspunkt liegenden scharf erfaßt, die übrigen nimmt das Auge undeutlich und nur im Zusammenhang wahr.

Die Groteskschrift «Akzidenz Grotesk Regular» mit
kleineren Ziffern (bereits im Schrift-Font vorhanden).

Verschieden große Ziffern
Bei den Groteskschriften gibt es normalerweise keine Minuskelziffern. Deshalb sollten die Ziffern im Lauftext etwas kleiner gehalten werden.

Die Tabellenziffer

Alle Ziffern sind auf dem DTP-Geviert aufgebaut. Die Zahl «1» sowie alle übrigen Ziffern stehen auf einem Halbgeviert. Im laufenden Text oder bei allen Anwendungen außerhalb einer Tabelle sollte deshalb die Ziffer «1» unterschnitten, das heißt der Zeichenabstand verringert werden. Damit entsteht optisch wieder ein gleichmäßiger Abstand.

1996

1996

Unveränderter Abstand zwischen der Ziffer «1» und «9».

1996

1996

Veränderter Abstand zwischen der Ziffer «1» und «9».

Fr. 24.50
Fr. 13.45
Fr. 56.15
Fr. 11.65

Für die tabellarische Aufreihung von Zahlen werden Tabellenziffern verwendet, damit alle Ziffern untereinanderstehen.

Siehe auch Band 3, «Avor DTP».

Das bei der Rechenscheibe angewandte Logarithmensystem ist das Briggsche oder dekadische Logarithmensystem mit der Basis 10. Der Logarithmus ist der Exponent (die Hochzahl) einer Potenz, also in diesem Fall z.B. $10^1 = 10$: der Logarithmus von 10^1 ist 1 (log 1); der Logarithmus von $10^2 = 100$ ist 2 (log 2); der Logarithmus von $10^3 = 1000$ ist 3 (log 3) usw. Daraus folgt, dass bei dekadischen Logarithmen aller Zahlen zwischen 1 und 9 mit 0,..., zwischen 10 und 99 mit 1,..., zwischen 100 und 999 mit 2,... usw. beginnen. Die Zahl vor dem Komma ist also gleich der um 1 verminderten Anzahl von Stellen derjenigen Zahl, deren Logarithmus zu bestimmen ist. Also ist z.B.: log 2 = 0,30103, log 20 = 1,30103, log 200 = 2,30103 usw. Die Zahl vor dem Komma ist die Kennziffer, die Zahl nach dem Komma die Mantisse.

Textbeispiel mit unverändertem Abstand bei der Ziffer «1».

Das bei der Rechenscheibe angewandte Logarithmensystem ist das Briggsche oder dekadische Logarithmensystem mit der Basis 10. Der Logarithmus ist der Exponent (die Hochzahl) einer Potenz, also in diesem Fall z.B. $10^1 = 10$: der Logarithmus von 10^1 ist 1 (log 1); der Logarithmus von $10^2 = 100$ ist 2 (log 2); der Logarithmus von $10^3 = 1000$ ist 3 (log 3) usw. Daraus folgt, dass bei dekadischen Logarithmen aller Zahlen zwischen 1 und 9 mit 0,..., zwischen 10 und 99 mit 1,..., zwischen 100 und 999 mit 2,... usw. beginnen. Die Zahl vor dem Komma ist also gleich der um 1 verminderten Anzahl von Stellen derjenigen Zahl, deren Logarithmus zu bestimmen ist. Also ist z.B.: log 2 = 0,30103, log 20 = 1,30103, log 200 = 2,30103 usw. Die Zahl vor dem Komma ist die Kennziffer, die Zahl nach dem Komma die Mantisse.

Textbeispiel mit verändertem Abstand bei der Ziffer «1».

Die Bruchziffern

Bei den Bruchziffern kann zwischen zwei Formen unterschieden werden: den Brüchen mit Minuskelziffern und den Brüchen mit Majuskelziffern. Neben diesen zwei Unterscheidungen gibt es noch den Bruchstrich für den Textbereich und den waagrechten Bruchstrich für den Formelsatz. Die Bruchziffernformen sollten grundsätzlich mit dem im Text verwendeten Schriftbild übereinstimmen.

Das Setzen der Bruchziffern

Im DTP-Bereich sind auf den normalen Schriftfonts selten Bruchziffern direkt anwählbar. Die Größen- und Versatzeinstellungen müssen im jeweiligen Programm in den Voreinstellungen eingegeben werden. Bei einigen Schriften bestehen auch zusätzliche Expert-Fonts für die Bruchziffern.

Siehe auch Band 3, «Avor DTP».

$$^1/_3$$

$$^1/_{10}$$

Minuskelziffern mit schrägem Bruchstrich.

$$1/3$$

$$1/10$$

Majuskelziffern mit schrägem Bruchstrich.

$$\frac{1}{3}$$

$$\frac{1}{10}$$

Minuskelziffern mit waagrechtem Bruchstrich.

$$\frac{1}{3}$$

$$\frac{1}{10}$$

Majuskelziffern mit waagrechtem Bruchstrich.

Addition und Subtraktion: Gleichnamige Brüche werden addiert oder subtrahiert, indem man die Zähler addiert oder subtrahiert; der Nenner bleibt unverändert: $1/8 + 3/8 = 4/8 = 1/2$. Multiplikation und Division: Brüche werden multipliziert, indem Zähler mit Zähler und auch Nenner mit Nenner multipliziert werden: $2/5 \cdot 3/8 = 6/40 = 3/20$. Eine ganze Zahl wird mit einem Bruch multipliziert, indem die ganze Zahl mit dem Zähler multipliziert wird: $4 \cdot 3/4 = 12/4 = 3$.

Anwendungsbeispiel mit Majuskelziffern in einem Text mit Antiquaschrift.

Addition und Subtraktion: Gleichnamige Brüche werden addiert oder subtrahiert, indem man die Zähler addiert oder subtrahiert; der Nenner bleibt unverändert: $1/8 + 3/8 = 4/8 = 1/2$. Multiplikation und Division: Brüche werden multipliziert, indem Zähler mit Zähler und auch Nenner mit Nenner multipliziert werden: $2/5 \cdot 3/8 = 6/40 = 3/20$. Eine ganze Zahl wird mit einem Bruch multipliziert, indem die ganze Zahl mit dem Zähler multipliziert wird: $4 \cdot 3/4 = 12/4 = 3$.

Anwendungsbeispiel mit Majuskelziffern in einem Text mit Groteskschrift.

Römische Zahl X.

Die römischen Ziffern

Beim römischen Zahlensystem werden die Werte in Versalien dargestellt. Es werden im Gegensatz zum arabischen Zahlensystem nicht zehn, sondern sieben Zeichen verwendet. Die römischen Zahlen finden wir z.B. in Büchern mit Bandangaben, Kapiteltiteln, Seitenzahlen im Titelbogen, bei Regentennamen (Louis XVI) und bei Inschriften an Bauwerken.

Die niedrigen Zahlen

Die niedrigen römischen Zahlzeichen wurden ursprünglich von den einzelnen Fingern und der ganzen Hand abgeleitet.

Die Grund- und Hilfszeichen

Im römischen Zahlensystem werden grundsätzlich zwei Gruppen unterschieden, die der Grundzeichen und die der Hilfszeichen. Mit diesen beiden Zahlengruppen können alle Zahlenwerte zusammengestellt werden.
Stehen die römischen Ziffern in einem Kolonnensatz, so werden sie, wie im nachfolgenden Beispiel gezeigt, mit einem Punkt rechtsbündig und ohne Punkt linksbündig untereinandergestellt.

I.
II.
III.

I
II
III

Römische Zahl I.

Römische Zahl II.

Römische Zahl III.

Römische Zahl V.

I   = 1
X = 10
C = 100
M = 1000

V = 5
L = 50
D = 500

Die Grundzeichen.

Die Hilfszeichen.

XXX	= 30	X + X + X
CCC	= 300	C + C + C
MMM	= 3000	M + M + M

Die Additionsregeln

Die nach einem großen oder gleich großen Wert stehenden kleineren Werte werden addiert.

Regel:
Höchstens drei gleiche Zeichen nacheinander verwenden.

XIII	= 13	X + I + I + I
LIII	= 53	L + I + I + I
DXXXIII	= 533	D + X + X + X + I + I + I

Die nach einem Hilfszeichen stehenden kleineren Grundzeichen werden addiert.

Regel:
Höchstens drei gleiche Zeichen nacheinander verwenden.

XV	= 15	X + V
CL	= 150	C + L
MD	= 1500	M + D

Das nach einem Grund- oder Hilfszeichen stehende kleinere Hilfszeichen wird addiert.

Regel:
Höchstens ein Zeichen verwenden.

IV	= 4	V – I
IX	= 9	X – I
XL	= 40	L – X
XC	= 90	C – X
CD	= 400	D – C

Die Subtraktionsregeln

Subtrahiert wird das vor einem Grund- oder Hilfszeichen stehende Grundzeichen.

Es darf nur ein Grundzeichen subtrahiert werden, Hilfszeichen dürfen nicht subtrahiert werden.

Nach strenger Regel darf nur vom je nächst größeren Hilfs- oder Grundzeichen subtrahiert werden.

Zeichen und Symbole

Die nachfolgenden Beispiele sind nur ein kleiner Ausschnitt aus den vorhandenen und immer wieder neu entstehenden Zeichen und Symbole. Die Zeichen werden in Expert-Fonts angeboten und sind teilweise auch auf den normalen Schrift-Fonts vorhanden.

Tierkreiszeichen

Steinbock
(Dezember – Januar)
Wassermann
(Januar – Februar)
Fisch
(Februar – März)
Widder
(März – April)
Stier
(April – Mai)
Zwillinge
(Mai – Juni)
Krebs
(Juni – Juli)
Löwe
(Juli – August)
Jungfrau
(August – September)
Waage
(September – Oktober)
Skorpion
(Oktober – November)
Schütze
(November – Dezember)

Mondphasenzeichen

Neumond
Zunehmender Mond
Vollmond
Abnehmender Mond

Geometrische Zeichen

Achteck, Quadrat, Dreieck, Rechteck, Rhombus, Kreis, Mittelpunkt.

Durchmesser, Durchschnitt, Winkel, rechter Winkel, spitzer Winkel.

Mathematische Zeichen

Plus, minus, plus/minus, mal, geteilt durch, Prozent, Promille.

Gleich, nicht gleich, identisch, nicht identisch, angenähert, nicht einmal nahezu gleich.

Chemische Zeichen

Symbolisierung des aromatischen Zustandes, Dreiring, Vierring, Fünfring, Sechsring, verzerrter Sechsring.

Verzerrte Sechsringe (Benzolringe) mit Doppelbindungen.

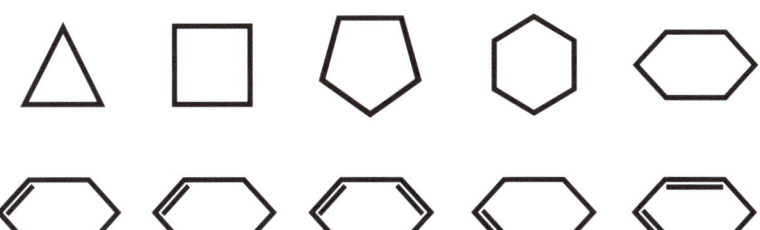

Sternzeichen

Unterschiedliche Sternformen.

Die Linien

Linien haben einen vielseitigen Zweck, sie ordnen, trennen und unterstützen. Es gibt sie in vielerlei Formen und Stärken, normale Linien, punktierte Linien und Zierlinien. Die Linienstärke wird als Linienbild bezeichnet. Die Linienstärken können in den meisten DTP-Programmen in Millimetern oder DTP-Punkten eingegeben werden.

Normale Linie.

Punktierte Linie.

Gestrichelte Linie.

Die Linienarten

Die Linien sind in ihrer Stärke meistens stufenlos einstellbar. Die Linienstärke sollte jedoch nicht mit mehreren Stellen hinter dem Komma eingestellt werden, da es beim Nachsetzen ohne Einsicht in die Originaldatei sehr schwierig wird, die Linienstärke wieder genau gleich einzustellen.

Normale Linien

0,1 DTP-Pt / 0,03 mm

0,2 DTP-Pt / 0,07 mm

0,3 DTP-Pt / 0,10 mm

0,4 DTP-Pt / 0,14 mm

0,5 DTP-Pt / 0,18 mm

0,6 DTP-Pt / 0,21 mm

0,7 DTP-Pt / 0,25 mm

0,8 DTP-Pt / 0,28 mm

0,9 DTP-Pt / 0,32 mm

1,0 DTP-Pt / 0,35 mm

1,5 DTP-Pt / 0,53 mm

2,0 DTP-Pt / 0,71 mm

2,5 DTP-Pt / 0,88 mm

3,0 DTP-Pt / 1,06 mm

Punktierte Linien

0,1 DTP-Pt / 0,03 mm

0,2 DTP-Pt / 0,07 mm

0,3 DTP-Pt / 0,10 mm

0,4 DTP-Pt / 0,14 mm

0,5 DTP-Pt / 0,18 mm

0,6 DTP-Pt / 0,21 mm

0,7 DTP-Pt / 0,25 mm

0,8 DTP-Pt / 0,28 mm

0,9 DTP-Pt / 0,32 mm

1,0 DTP-Pt / 0,35 mm

1,5 DTP-Pt / 0,53 mm

2,0 DTP-Pt / 0,71 mm

2,5 DTP-Pt / 0,88 mm

3,0 DTP-Pt / 1,06 mm

Zierlinien.

Englische Linien.

Sicherheits- und
Azureelinien.

Platzierung der Linie
auf die Mitte.

Die Zierlinien

Die meisten dieser Linien
werden oft als Schmucklinien
angewendet. Sie dienen
aber auch speziellen Zwecken,
wie z. B. die Azureelinie,
welche als Sicherheitselement
bei Unterschriftsfeldern
und Sicherheitspapieren Verwendung findet.

Die Platzierung der Linien

Bei der Stellung der Linie muss
darauf geachtet werden,
mit welchen Positionsangaben
die Linie platziert wird. Beim
Layoutprogramm QuarkXPress
z. B. wird die Linie immer
automatisch auf die Mitte der
Linienstärke platziert.

Siehe auch Band 3, «Avor DTP».

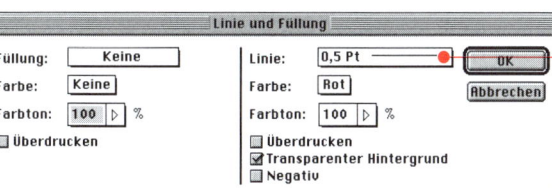

Modifizieren

| Linie | Umfließen |

Stil: ▬▬▬ Normal ▼

Linienstärke: 0,5 pt ● ▼ Pfeilspitzen: ▬▬▬ ▼

Modus: Erster Punkt ▼

Erster horiz.: 26 mm

Erster vertik.: 40 mm

Winkel: 0°

Länge: 131 mm

☐ Ausgabe unterdrücken

─Linie─
Farbe: ▬ Rot ▼
Tonwert: 100% ▼

─Abstand─
Farbe: *Keine* ▼
Tonwert: 100% ▼

[Anwenden] [Abbrechen] [OK]

**Einstellungen im
QuarkXPress**
Die Einstellungen für
die Liniendefinitionen
erfolgen im Menü
«Objekt» und im Unter-
menü «Modifizieren...».

Linie und Füllung

Füllung: Keine
Farbe: Keine
Farbton: 100 ▷ %
☐ Überdrucken

Linie: 0,5 Pt ▬▬ ●
Farbe: Rot
Farbton: 100 ▷ %
☐ Überdrucken
☑ Transparenter Hintergrund
☐ Negativ

[OK]
[Abbrechen]

**Einstellungen im
PageMaker**
Die Einstellungen für
die Liniendefinitionen
erfolgen im Menü
«Einstellung» und im
Untermenü «Linie
und Füllung...».

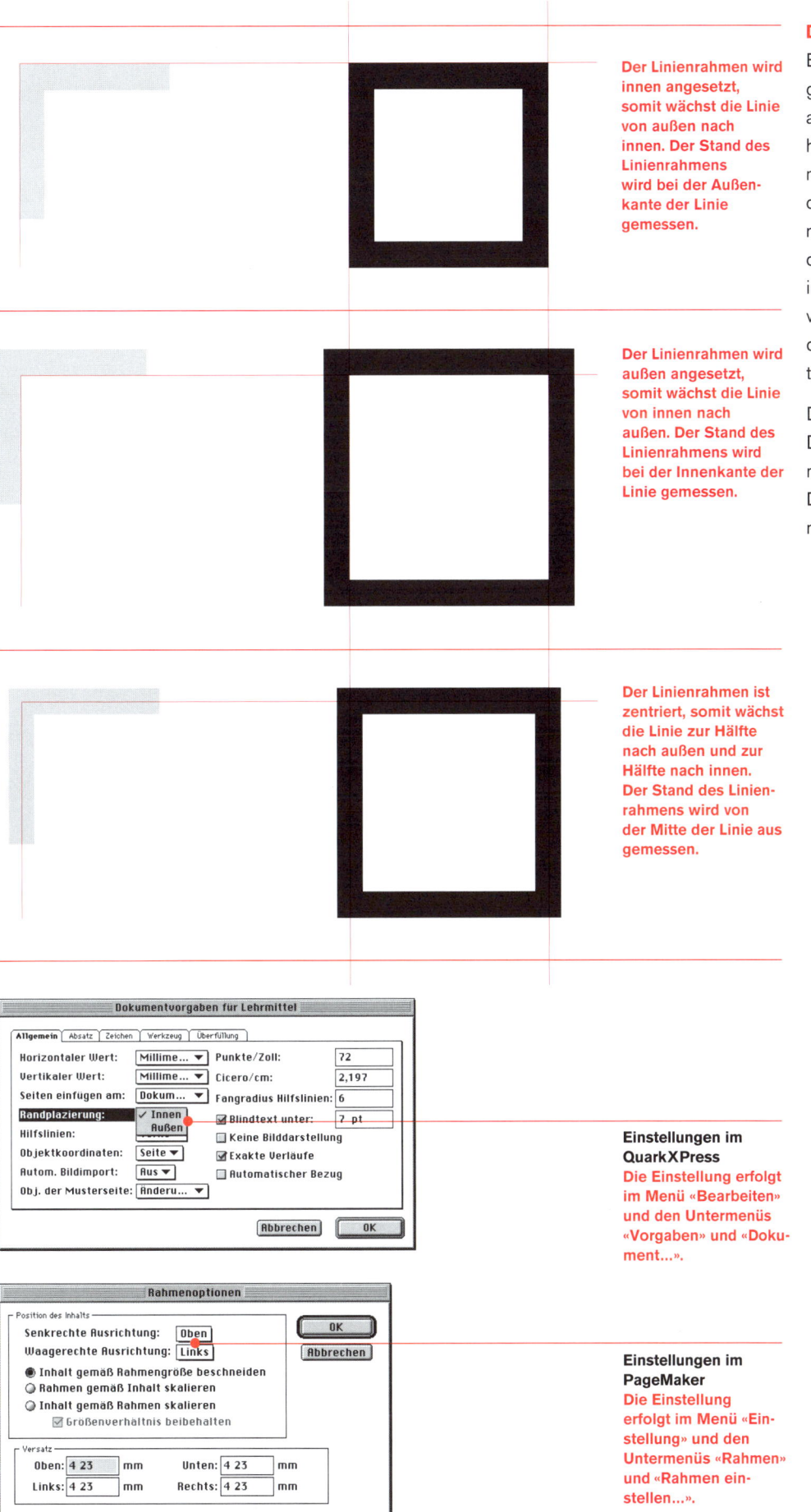

Der Linienrahmen wird innen angesetzt, somit wächst die Linie von außen nach innen. Der Stand des Linienrahmens wird bei der Außenkante der Linie gemessen.

Der Linienrahmen wird außen angesetzt, somit wächst die Linie von innen nach außen. Der Stand des Linienrahmens wird bei der Innenkante der Linie gemessen.

Der Linienrahmen ist zentriert, somit wächst die Linie zur Hälfte nach außen und zur Hälfte nach innen. Der Stand des Linienrahmens wird von der Mitte der Linie aus gemessen.

Einstellungen im QuarkXPress
Die Einstellung erfolgt im Menü «Bearbeiten» und den Untermenüs «Vorgaben» und «Dokument...».

Einstellungen im PageMaker
Die Einstellung erfolgt im Menü «Einstellung» und den Untermenüs «Rahmen» und «Rahmen einstellen...».

Der Linienrahmen

Bei den meisten DTP-Programmen werden die Linien auf die Mitte zentriert, das heißt, das Maß des Linienrahmens wird von der Mitte der Linie bis zur Mitte der nächsten Linie gemessen. Bei den Linienrahmen gibt es im DTP-Satz zwei und im konventionellen Satzverfahren drei verschiedene Möglichkeiten bei der Linienplatzierung:

Die Linie wird zentriert.
Die Linie wächst von außen nach innen.
Die Linie wächst von innen nach außen.

Der Schmuck

Den einfachsten Schmuck bildet der Initialbuchstabe, der am Beginn eines Textes stehen kann. Eine weitere Form des Schmuckes bildet der Elementarschmuck, der aus den Grundformen Kreis, Quadrat und Dreieck aufgebaut ist. Als weiterer Schmuck gelten die Ornamente (ornare = schmücken), die als Einzelornamente, Reihenornamente und Flächenornamente verwendet werden können, die ihrerseits in verschiedene Gruppen wie Spiegelsymmetrie, Zentralsymmetrie und Asymmetrie aufgeteilt werden können. Die gezeigten Beispiele sind nur ein kleiner Ausschnitt aus der Vielfalt der Schmuckelemente. Es sind auch spezielle Schmuck-Fonts vorhanden wie z.B. «Hot Metal Borders».

Kreis.

Quadrat.

Dreieck.

Der Elementarschmuck

Die hier gezeigten Beispiele sind nur ein kleiner Ausschnitt aus der Vielfalt der zum Teil in Expert-Fonts vorhandenen Schmuckelemente.

Rosetten.

Flechtbänder.

Kettenbänder.

Perlbänder.

Eierstäbe.

Überschlagende Wellen (Wellen-Mäander).

Mäander.

Flächenmuster.

Der Reihenschmuck

Bei diesem Schmuck kann aus einem einzelnen Schmuckelement mittels Zusammenfügen der Einzelteile ein Reihen- oder Flächenschmuck gesetzt werden. Für die Ecken gibt es spezielle Anfangs- und Endstücke.

Zusammengesetzter Schmuckrahmen.

Einzelteile des Schmuckrahmens.

Die Entscheidungen in der höheren Typografie, etwa bei einem Buchtitel, sind, wie ein wirklich hochentwickelter Geschmack, der freien Kunst verwandt. Sie können Formen hervorbringen, die in ihrer Vollkommenheit guter Malerei und Bildhauerei ebenbürtig sind.

Überragender Initial
Initialbuchstabe, auf der Schriftlinie der ersten Zeile stehend.

Die Entscheidungen in der höheren Typografie, etwa bei einem Buchtitel, sind, wie ein wirklich hochentwickelter Geschmack, der freien Kunst verwandt. Sie können Formen hervorbringen, die in ihrer Vollkommenheit guter Malerei und Bildhauerei ebenbürtig sind.

Eingebauter Initial
Initialbuchstabe, über drei Zeilen laufend.

Die Entscheidungen in der höheren Typografie, etwa bei einem Buchtitel, sind, wie ein wirklich hochentwickelter Geschmack, der freien Kunst verwandt. Sie können Formen hervorbringen, die in ihrer Vollkommenheit guter Malerei und Bildhauerei ebenbürtig sind.

Angesetzter Initial
Initialbuchstabe, über drei Zeilen laufend und vor dem Text stehend.

ie Entscheidungen in der höheren Typografie, etwa bei einem Buchtitel, sind, wie ein wirklich hochentwickelter Geschmack, der freien Kunst verwandt. Sie können Formen hervorbringen, die in ihrer Vollkommenheit guter Malerei und Bildhauerei ebenbürtig sind.

Hinterlegter Initial
Farbiger Initialbuchstabe über drei Zeilen laufend und unter dem Text liegend.

Aus starren, zusammenhanglosen, gegebenen Teilen soll ein Ganzes entstehen, das lebendig und wie aus einem Guss erscheint. Nur die Steinbildhauerei kommt vollendeter Typografie an Spröde nahe. Für die meisten Menschen bietet vollendete Typografie ästhetisch keine besonderen Reize.

Aus starren, zusammenhanglosen, gegebenen Teilen soll ein Ganzes entstehen, das lebendig und wie aus einem Guss erscheint. Nur die Steinbildhauerei kommt vollendeter Typografie an Spröde nahe. Für die meisten Menschen bietet vollendete Typografie ästhetisch keine besonderen Reize.

Ausgleichen eines Initials
Bei Buchstaben mit extrem offenen Räumen entstehen zum Grundtext optisch automatisch große Abstände. Dieser offene Raum kann, wie im zweiten Beispiel gezeigt, durch eine gestufte Zeilenführung reduziert werden.

Der Initialbuchstabe
Initialen sind Buchstaben am Anfang eines Textes oder Absatzes, die größer als die Grundschrift sind und über zwei oder mehrere Zeilen laufen können. Der Stand der Buchstaben kann unterschiedlich sein, sollte aber immer mit der Grundschrift im Text Schriftlinie halten.

Siehe auch Band 3, «Besser setzen».

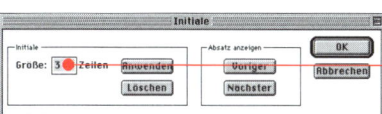

PageMaker
Die Einstellungen erfolgen im Menü «Option» und den Untermenüs «Plug-Ins» und «Initiale...».

QuarkXPress
Die Einstellungen erfolgen im Menü «Stil» und im Untermenü «Formate...».

Anwendungsaufgabe
Anhand der nebenstehenden Beispiele kann der Buchstabenschmuck auf dem Computer abgesetzt und es können neue Formen gestaltet werden.

A

e

W

S

y

i

Die Korrekturzeichen

Jedes einzelne Korrekturzeichen ist am Papierrand gut sichtbar zu wiederholen. Die erforderliche Änderung ist rechts neben das wiederholte Korrekturzeichen zu schreiben, sofern das Zeichen nicht für sich selbst spricht (z.B. ⌐⌐ ═══). Das Einzeichnen von Korrekturen innerhalb des Textes ohne den dazugehörenden Randvermerk ist zu vermeiden, außer beim Anzeichnen in einem Manuskript, das nachher abgesetzt wird (Vorkorrektur). Das an den Rand Geschriebene sollte in seiner Reihenfolge mit den innerhalb der Zeile angebrachten Zeichen übereinstimmen.

Falsche Buchstaben und Wörter

Falsche Buchstaben oder Wörter werden durchgestrichen und am Rand mit die richtigen ersetzt. Kommen in eener Zaile mehrere sulcher Feller vor, so erhalten sie ihrer Reihenfolge nach untarschiedliche Zaichen.

Fehlende Buchstaben

Fehlende Buchstaben werden angezeichnet, indem der vorangehende oder folgende uchstabe durchgestrichen und am Rand zusammen mi dem fehlenden Buchstaben wiederholt wird. Es kann auch das ganze Wort der die Silbe durchgestrichen und am Rand berichtigt werden.

Fehlende Wörter und Auslassungen

Fehlende Wörter sind in der Lücke durch Winkelzeichen kenntlich zu machen und am anzugeben. Bei größeren Auslassungen wird auf die Manuskriptseite verwiesen. Die Stelle ist auf dem Manuskript zu markieren: Die Erfindung, die der

Überflüssige Buchstaben und Wörter

Überflüssige Buchstaben oder Wörter werden durchgestrichen undd am Papierrand durch ein Deleaturzeichen («es werde getilgt») angezeichnet angezeichnet.

Fehlende oder überflüssige Satzzeichen

Fehlende oder überflüssige Satzzeichen wie Komma, oder Punkt werden wie fehlende oder überflüssige Buchstaben angezeichnet

Falsche Trennungen

Falsche Trennungen werden am Zeilenende und Zeilenanfang wie fehlende Buchst-aben oder Satzzeichen angezeichnet.

Beschädigte Buchstaben

Zerkratzte oder angeschnittene Buchstaben werden durchgestrichen und am Rand einmal unterstrichen.

Falsche Schrift

Einzelne aus falscher Schrift gesetzte Buchstaben (Fische) werden wie falsche Buchstaben angezeichnet und am Rand zweimal unterstrichen.

Verschmutzte Buchstaben

Verschmutzte Buchstaben und zu stark erscheinende Stellen werden umkreist. Dieses Zeichen wird am Rand wiederholt.

Ligaturen

Ligaturen werden verlangt, indem man die fälschlich einzeln gesetzten Buchstaben durchstreicht und am Rand mit einem darunter befindlichen Bogen wiederholt: Oeuvre. Fälschlich gesetzte Ligaturen werden durchgestrichen, am Rand wiederholt und durch einen Strich getrennt: Schaffell.

Falsche Wortzwischenräume

Fehlende, zu enge oder zu weite Wortzwischenräume werden mit folgenden Zeichen
angezeichnet: Fehlender Wortzwischenraum, zu enger Wortzwischenraum und zu weiter Wortzwischenraum.

Ein Doppelbogen gibt an, dass der Zwischenraum ganz wegfallen soll: Wort zwischenraum.

Getrennt- oder Zusammenschreibung

Wird nach Streichung eines Bindestriches die Getrennt- oder die Zusammenschreibung
der verbleibenden Teile zweifelhaft, so ist wie folgt zu verfahren: Ein dunkel-rotes Kleid passt nicht
zu einer violett-gefärbten Jacke.

Fehlender oder zu großer Durchschuss

Fehlender Durchschuss wird durch einen zwischen die Zeilen gezogenen Strich mit nach
außen offenem Bogen angezeichnet. Zu großer Durchschuss wird durch einen zwischen die

Zeilen gezogenen Strich mit nach innen offenem Bogen angezeichnet.

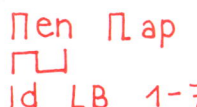

Verstellte Buchstaben und Wörter

Verstellte Buchstaben werden durchgestrichen und am Ppaierrand richtig angegeben.
Verstellte Wörter werden das durch Umstellungszeichen berichtigt (keine Einzelbuchstaben!).
Die werden bei Wörter Umstellungen größeren beziffert.

ⁿen ⁿap
ld LB 1-7

Verstellte Zahlen

Verstellte Zahlen sind immer ganz durchzustreichen und richtig an den Rand zu schreiben:
1959.

H 1996

Verstellte Zeilen

folge nummeriert.

Verstellte Zeilen werden mit waagrechten Randstrichen versehen und in der richtigen Reihen-

1
3
2

Nicht Linie haltend

Nicht Linie haltende Stellen werden durch parallele Striche angezeichnet.

Neuer Absatz, Text anhängen

Ein neuer Absatz (Alinea) wird durch das Alineazeichen im Text sowie am Rand verlangt. Das
Anhängen eines Absatzes wird durch

eine verbindende Schleife verlangt. Die Schleife muss am Papierrand wiederholt werden.

Einzüge verändern

Zu tilgender oder zu verringender Einzug erhält das Ausrückungszeichen.
Fehlender oder zu erweiternder Einzug erhält das Einrückungszeichen.

Änderung der Schrift

Andere Schrift, Sperrung oder Aufhebung einer S p e r r u n g wird verlangt, indem man die betref-
fende **Stelle** unterstreicht und die gewünschte Schrift am Rand vermerkt.

Zweifelhafte Manuskriptstellen

Für unleserliche oder zweifelhafte Manuskriptstellen, die nicht blockiert sind, wird vom Korrektor
eine Blockade (nie Auslassungspunkte verwenden!) verlangt: Hyladen sind Insekten mit
unbeweglichem Prothorax (s. S.).

H ⊠
H ⊠

Irrtümlich angezeichnete Korrekturen

Irrtümlich Angezeichnetes wird unterpunktiert. Die Korrektur ist am Rand durchzustreichen.

Erklärungen

Erklärende Vermerke zu einer Korrektur sind – damit sie nicht mit Korrekturen verwechselt
werden – durch Doppelklammern zu kennzeichnen.

Zweite Korrekturen

Nachträgliche, zweite Korrekturen sind mit einer anderen Farbe auszuführen.

Anwendungsaufgabe

Mit dem links stehenden Manuskript kann der rechte Spaltenabzug gelesen und korrigiert werden. Die richtigen Korrekturzeichen sollten am rechten Rand angezeichnet werden.

Manuskript

Der Typograf wählt die ihm passenden Schrifttypen aus einem großen Angebot von Schriften, die er alle nicht selber entworfen hat. Dass er dabei auf das angewiesen ist, was vor ihm Schriftgestalter und Schriftgießer geschaffen haben, empfindet der Typograf oft als Nachteil. Unangenehm wird dieses Abhängigkeitsverhältnis dann, wenn die zur Auswahl stehenden Typen weder technisch noch künstlerisch den Anforderungen genügen.

Der Typograf muss sich bewusst sein, dass er innerhalb des Druckgewerbes einen Platz einnimmt, auf dem er einerseits auf fertige Arbeiten, die andere geleistet haben, angewiesen ist (Schrift, Papier, Farbe, Werkzeuge, Maschinen), andererseits aber die Weiterbehandlung seiner eigenen Arbeit in späteren Prozessen zu ermöglichen hat (Druck, Ausrüstung). Er kann seine Entscheidungen nicht selbständig und frei treffen; er ist abhängig vom Vorher und muss Rücksicht nehmen auf das Nachher.

Die Tatsache, dass der Typograf nichts zur Schriftform beitragen kann, sondern diese fertig übernimmt, gehört zum Wesen der Typografie und ist nicht etwa eine Beeinträchtigung, im Gegenteil: das Schriftgestalten ist ja nicht nur ein ästhetisches Problem, sondern die Formen basieren größtenteils auf technischen Gegebenheiten, die der Typograf nicht kennt.

Spaltenabzug

Der Typograf wählt die ihm passsenden Schrift typen aus eniem großen Angebot von Schriften, die er alle nicht selber entworfen hat. Dass er dabei auf das angewiesen ist was vor ihm Schriftgestalter und Schriftgießer geschaffen haben, empfindet der Typograf oft als Nachteil. Unangenehm wird dieses Abhängigkeitsverhältnis dann, wenn dei zur Auswahl stehenden Typen weder technisch noch künstlerisch den Anforderungen genügen. Der Typograf muss sich bewusst sein, dass er innerhalb des Druckgewerbes einen Platz einnimmt, auf dem er einerseits auf fertige Arbeiten, die andere geleistet haben, angewiesen ist (*Schrift*, Papier, Farbe, Werkzeuge, Maschinen, andererseits aber die Weiterbehandlung seiner eigenen Arbeit in

späteren Prozessen zu ermöglichen hat (Druck, Ausrüstung). Er kann seine Entscheidungen nicht selbständig frei treffen; er ist abhängig vom Vorher und muss Rücksicht nehmen auf das Nachher.

Die Tatsache, dass der Typograf nichts zur Schriftform beitragen kann, sondern diese Typografie und ist nicht etwa eine Beinträchfertig übernimmt, gehört zum Wesen der tigung, im Gegenteil: das Schriftgestalten ist ja nicht nur ein ästhetisches Problem, sondern die Formen basieren größtenteils auf technischen Gegebenheiten, die der Typograf nicht kennt

Satzanweisungen
Schrift:
Garamond 10 Punkt

Zeilenabstand:
15 DTP-Punkt

Neuer Abschnitt:
Einzug 4 mm

Satzbreite:
63,5 cm

Ligaturen anwenden

(Total 26 Fehler)

Lösung der Anwendungsaufgabe
Aufgabe von Seite 47.

Manuskript

Der Typograf wählt die ihm passenden Schrifttypen aus einem großen Angebot von Schriften, die er alle nicht selber entworfen hat. Dass er dabei auf das angewiesen ist, was vor ihm Schriftgestalter und Schriftgießer geschaffen haben, empfindet der Typograf oft als Nachteil. Unangenehm wird dieses Abhängigkeitsverhältnis dann, wenn die zur Auswahl stehenden Typen weder technisch noch künstlerisch den Anforderungen genügen.

Der Typograf muss sich bewusst sein, dass er innerhalb des Druckgewerbes einen Platz einnimmt, auf dem er einerseits auf fertige Arbeiten, die andere geleistet haben, angewiesen ist (Schrift, Papier, Farbe, Werkzeuge, Maschinen), andererseits aber die Weiterbehandlung seiner eigenen Arbeit in späteren Prozessen zu ermöglichen hat (Druck, Ausrüstung). Er kann seine Entscheidungen nicht selbständig und frei treffen; er ist abhängig vom Vorher und muss Rücksicht nehmen auf das Nachher.

Die Tatsache, dass der Typograf nichts zur Schriftform beitragen kann, sondern diese fertig übernimmt, gehört zum Wesen der Typografie und ist nicht etwa eine Beeinträchtigung, im Gegenteil: das Schriftgestalten ist ja nicht nur ein ästhetisches Problem, sondern die Formen basieren grösstenteils auf technischen Gegebenheiten, die der Typograf nicht kennt.

Spaltenabzug

Der Typograf wählt die ihm passsenden Schrift typen aus eniem großen Angebot von Schriften, die er alle nicht selber entworfen hat. Dass er dabei auf das angewiesen ist was vor ihm Schriftgestalter und Schriftgießer geschaffen haben, empfindet der Typograf oft als Nachteil. Unangenehm wird dieses Abhängigkeitsverhältnis dann, wenn dei zur Auswahl stehenden Typen weder technisch noch künstlerisch den Anforderungen genügen. Der Typograf muss sich bewusst sein, dass er innerhalb des Druckgewerbes einen Platz einnimmt, auf dem er einerseits auf fertige Arbeiten, die andere geleistet haben, angewiesen ist (Schrift, Papier, Farbe, Werkzeuge, Maschinen, andererseits aber die Weiterbehandlung seiner eigenen Arbeit in

späteren Prozessen zu ermöglichen hat (Druck, Ausrüstung). Er kann seine Entscheidungen nicht selbständig frei treffen; er ist abhängig vom Vorher und muss Rücksicht nehmen auf das Nachher.

Die Tatsache, dass der Typograf nichts zur Schriftform beitragen kann, sondern diese Typografie und ist nicht etwa eine Beinträchfertig übernimmt, gehört zum Wesen der tigung, im Gegenteil: das Schriftgestalten ist ja nicht nur ein ästhetisches Problem, sondern die Formen basieren größtenteils auf technischen Gegebenheiten, die der Typograf nicht kennt.

Die SI-Einheiten

Seit Januar 1978 ist das «Bundesgesetz über Maßwesen» rechtsgültig. Dieses schreibt die Verwendung der SI-Einheiten (Système international d'unités) vor. Somit wären alle Angaben für Längenmaße im Metersystem anzugeben. Im Satzbereich findet neben dem Metersystem das DTP-Punkt-System weiterhin Verwendung, vornehmlich für Angaben der Schriftgröße und des Zeilenabstandes.

Basiseinheiten

Basisgröße	Basiseinheit	Zeichen
Länge	Meter	m
Masse	Kilogramm	kg
Zeit	Sekunde	s
Stromstärke	Ampere	A
Temperatur	Kelvin	K
Stoffmenge	Mol	mol
Lichtstärke	Candela	cd

Einige abgeleitete Einheiten als Bestandteil des SI-Systems

Größe	Name	Zeichen
Frequenz	Hertz	Hz
Kraft	Newton	N
Druck, mechanische Spannung	Pascal	Pa
Energie, Arbeit, Wärmemenge	Joule	J
Leistung	Watt	W
Elektrizitätsmenge, Elektrizitätsladung	Coulomb	C
Elektrische Spannung	Volt	V
Elektrischer Widerstand	Ohm	Ω
Elektrischer Leitwert	Siemens	S
Elektrische Kapazität	Farad	F
Lichtstrom	Lumen	lm
Beleuchtungsstärke	Lux	lx

Bezeichnung für dezimale Vielfache und Teile

Vielfache und Teile	Abkürzung	Vorsilbe	Symbol
1 000 000 000 000	10^{12}	Tera	T
1 000 000 000	10^{9}	Giga	G
1 000 000	10^{6}	Mega	M
1000	10^{3}	Kilo	k
100	10^{2}	Hekto	h
10	10^{1}	Deka	da
0,1	10^{-1}	Dezi	d
0,01	10^{-2}	Zenti	c
0,001	10^{-3}	Milli	m
0,000 001	10^{-6}	Mikro	µ
0,000 000 001	10^{-9}	Nano	n
0,000 000 000 001	10^{-12}	Pika	p
0,000 000 000 000 001	10^{-15}	Femto	f
0,000 000 000 000 000 001	10^{-18}	Atto	a

Bisherige besondere Namen und Einheitenzeichen, die beibehalten wurden

Größe	Name	Zeichen	Beziehung zu SI-Einheit
Volumen	Liter	l	1 l = 1 dm^3
Masse	Tonne	t	1 t = 1 Mg
Druck	Bar	bar	1 bar = 10^5 Pa
Fläche	Are	a	1 a = 10^2 m^2
Zeit	Minute	min	1 min = 60 s
Zeit	Stunde	h	1 h = 3600 s
Zeit	Sekunde	s	

Die Zusammensetzung der SI-Einheiten

Die SI-Einheiten setzen sich aus folgenden Gruppen zusammen:

Basiseinheiten.
Abgeleitete Einheiten als Bestandteil des SI-Systems.
Bezeichnung für dezimale Vielfache und Teile.
Bisherige, besondere Namen, die beibehalten werden.

Längenmaße

Name	Zeichen/Abkürzung
Nanometer	nm
Millimeter	mm
Zentimeter	cm
Dezimeter	dm
Meter	m
Kilometer	km

Nebenstehend einige Buchstabensymbole von SI-Einheiten und gesetzlich zugelassenen Einheiten.

Flächenmaße

Name	Zeichen/Abkürzung
Quadratmeter	m^2
Are	a
Hektare	ha

Volumenmaße

Name	Zeichen/Abkürzung
Kubikmeter	m^3
Deziliter	dl
Liter	l
Hektoliter	hl

Gewichtsmaße

Name	Zeichen/Abkürzung
Milligramm	mg
Gramm	g
Kilogramm	kg
Tonne	t

Energie- und Leistungsmaße

Name	Zeichen/Abkürzung
Joule	J
Watt	W
Kilowattstunde	kWh
Megawattstunde	MWh

Spannungsmaße

Name	Zeichen/Abkürzung
Volt	V
Kilovolt	kV
Millivolt	mV
Megavolt	MV

Temperaturmaße

Name	Zeichen/Abkürzung
Kelvin	K
Celsius	°C
Fahrenheit	°F
Reaumur	°R

Umrechnungstabelle für verschiedene Maßeinheiten

Die hier aufgeführten Umrechnungstabellen sollen als Hilfe dienen bei kleineren Umrechnungen von einem Maßsystem in ein anderes Maßsystem.

Umrechnungstabelle für Millimeter in andere Maßeinheiten

Millimeter	DTP-Punkt	Pica-Punkt	Didot-Punkt	Millimeter	DTP-Punkt	Pica-Punkt	Didot-Punkt
0,1	0,28	0,28	0,27	7,5	21,26	21,34	20,00
0,25	0,71	0,71	0,67	8	22,68	22,76	21,33
0,5	1,42	1,42	1,33	8,5	24,09	24,18	22,67
1	2,83	2,85	2,67	9	25,51	25,61	24,00
1,5	4,25	4,27	4,00	9,5	26,93	27,03	25,33
2	5,67	5,69	5,33	10	28,35	28,45	26,67
2,5	7,09	7,11	6,67	20	56,69	56,90	53,33
3	8,50	8,54	8,00	30	85,04	85,36	80,00
3,5	9,92	9,96	9,33	40	113,39	113,81	106,67
4	11,34	11,38	10,67	50	141,73	142,26	133,33
4,5	12,76	12,80	12,00	60	170,08	170,71	160,00
5	14,17	14,23	13,33	70	198,43	199,16	186,67
5,5	15,59	15,65	14,67	80	226,77	227,61	213,33
6	17,01	17,07	16,00	90	255,12	256,07	240,00
6,5	18,43	18,49	17,33	100	283,46	284,52	266,67
7	19,84	19,92	18,67				

Die nebenstehenden Maße sind auf zwei Stellen nach dem Komma auf- oder abgerundet.

Umrechnungstabelle für DTP-Punkte in andere Maßeinheiten

DTP-Punkt	Millimeter	Pica-Punkt	Didot-Punkt	DTP-Punkt	Millimeter	Pica-Punkt	Didot-Punkt
0,5	0,18	0,50	0,47	15	5,29	15,06	14,11
1	0,35	1,00	0,94	16	5,64	16,06	15,05
2	0,71	2,01	1,88	17	6,00	17,06	15,99
3	1,06	3,01	2,82	18	6,35	18,07	16,93
4	1,41	4,01	3,76	19	6,70	19,07	17,87
5	1,76	5,02	4,70	20	7,06	20,07	18,81
6	2,12	6,02	5,64	30	10,58	30,11	28,22
7	2,47	7,03	6,59	40	14,11	40,15	37,63
8	2,82	8,03	7,53	50	17,64	50,18	47,04
9	3,18	9,03	8,47	60	21,17	60,22	56,44
10	3,53	10,04	9,41	70	24,69	70,26	65,85
11	3,88	11,04	10,35	80	28,22	80,30	75,26
12	4,23	12,04	11,29	90	31,75	90,33	84,66
13	4,59	13,05	12,23	100	35,28	100,37	94,07
14	4,94	14,05	13,17				

Umrechnungstabelle für Pica-Punkte in andere Maßeinheiten

Pica-Punkt	Millimeter	DTP-Punkt	Didot-Punkt	Pica-Punkt	Millimeter	DTP-Punkt	Didot-Punkt
0,5	0,18	0,50	0,47	15	5,27	14,94	14,06
1	0,35	1,00	0,94	16	5,62	15,94	15,00
2	0,70	1,99	1,87	17	5,98	16,94	15,93
3	1,05	2,99	2,81	18	6,33	17,93	16,87
4	1,41	3,99	3,75	19	6,68	18,93	17,81
5	1,76	4,98	4,69	20	7,03	19,93	18,75
6	2,11	5,98	5,62	30	10,54	29,89	28,12
7	2,46	6,97	6,56	40	14,06	39,85	37,49
8	2,81	7,97	7,50	50	17,57	49,82	46,86
9	3,16	8,97	8,44	60	21,09	59,78	56,24
10	3,51	9,96	9,37	70	24,60	69,74	65,61
11	3,87	10,96	10,31	80	28,12	79,71	74,98
12	4,22	11,96	11,25	90	31,63	89,67	84,35
13	4,57	12,95	12,18	100	35,15	99,63	93,73
14	4,92	13,95	13,12				

Akzente
Bezeichnung für Buchstaben mit zusätzlichen Betonungszeichen. (S. 26)

Arabische Ziffern
Zahlensystem mit zehn Ziffern. (S. 31)

Ästhetikprogramm
Programm zur individuellen Veränderung und Verbesserung der Zeichenabstände. (S. 20)

Ausgleichen
Das Ausgleichen optisch ungleicher Räume zwischen den Buchstaben. (S. 19, 20, 21, 22)

Bruchziffern
Ziffern zur Darstellung von kleineren Zahlen wie der Zahl «1». (S. 34)

Buchstabe
Der Buchstabe bildet das kleinste Element im Alphabet und bei der Entstehung eines Wortes. (S. 14)

Buchstabenabstand
Zeichenabstand, der durch die Dickte des Buchstabens bestimmt wird. (S. 18)

Condensed
Fachbegriff für eine schmale Schrift. (S. 15)

Dickte
Buchstabenbreite mit Vor- und Nachbreite. (S. 15, 16)

Didot-Punkt
Ein auf dem französischen Fußmaß aufgebautes und dem Metersystem angepasstes typografisches Maßsystem. (S. 5)

DTP
Kurzbeschreibung für Desktop publishing, kann übersetzt als «Arbeitsplatz auf dem Schreibtisch» bezeichnet werden.

DTP-Punkt
Ein auf dem Inch aufgebautes typografisches Maßsystem. (S. 6)

Einheit
Die Einheit stellt den kleinsten Teil eines Gevierts dar. (S. 15)

Expert-Fonts
Font für Sonderzeichen wie Ligaturen, Bruchziffern usw. (S. 27)

Extended
Fachbegriff für eine breite Schrift. (S. 15)

Fiktiver Kegel
Bezeichnet den Raum, den eine Schrift mit dem an der Unterlänge hinzugefügten Raum total einnimmt (auch vertikaler Raumbedarf). (S. 9)

Größte vertikale Ausdehnung
Bezeichnet den Raum von der Oberkant-Oberlänge bis zur Unterlänge. (S. 9)

Gemeine
Bezeichnung für Kleinbuchstaben. (S. 25)

Geviert
Standard-Geviert: Die Breite des Gevierts entspricht der Schriftgröße. DTP-Geviert: Die Breite des Gevierts entspricht zwei «Nullen». (S. 15)

hp-Höhe
Bezeichnet den Raum, den die Schrift vom untersten Punkt bis zum obersten Punkt total einnimmt (auch vertikale Ausdehnung). (S. 9)

Inch
Ein in angelsächsischen Ländern angewendetes Längenmaß. (S. 6)

Initialbuchstabe
Buchstabe, der am Anfang eines Textes steht. Die Initialbuchstaben werden meistens größer oder farbig angewendet. (S. 43)

Interpunktionen
Bezeichnung der Zeichen, die den Text ordnen und gliedern. (S. 28)

Korrekturzeichen
Spezielle Zeichen für das richtige Anzeichnen von Korrekturen oder Änderungen im Text. (S. 45)

Laufweite
Bezeichnung der Zeichenabstände. (S. 15, 18)

Ligaturen
Buchstabenverbindungen, die zwei oder drei Zeichen zu einem einzelnen Zeichen zusammenfassen. (S. 27)

Linien
Typografische Elemente zur Trennung und Gliederung. (S. 39, 40, 41)

Linienrahmen
Bezeichnung der Linien, die für einen Rahmen verwendet werden. (S. 41)

Linotype
Hersteller von Schrift, Soft- und Hardware.

Majuskelziffern
Ziffern mit Oberlängen (auch Versalziffern). (S. 31)

Meter
Ein auf dem Dezimalsystem aufgebautes Maßsystem. (S. 4)

Minuskelziffern
Ziffern mit Ober-, Mittel- und Unterlängen (auch Mediäval- oder gemeine Ziffern). (S. 31)

Mittellänge
Die Mittellängenhöhe bezeichnet die x-Höhe und die Ausdehnung von der Schriftlinie zur Mittellänge. (S. 17)

Nachbreite
Zusätzlicher Raum rechts des Buchstabens. Zusammen mit der Vorbreite und der Breite des Zeichens ergeben diese Werte die Dickte des Zeichens. (S. 16)

Oberlänge
Bezeichnet den obersten Punkt der Versalhöhe und die Ausdehnung der Schrift von der Schriftlinie bis zur Oberkante des Versalbuchstabens. (S. 17)

PageMaker
DTP-Layoutprogramm.

Pica
Ein auf dem englisch-amerikanischen Fuß aufgebautes typografisches Maßsystem. (S. 6)

Punzen
Geschlossener und offener Innenraum des Buchstabens. (S. 16)

QuarkXPress
DTP-Layoutprogramm.

Randausgleich
Buchstaben, die nicht auf einer Satzkante untereinander stehen, werden optisch auf eine Kante gestellt. (S. 23)

Römische Ziffern
Zahlensystem mit Versalbuchstaben. Bestehend aus vier Grundzeichen und drei Hilfszeichen. (S. 35)

Scantext
Hersteller von Hard- und Software.

Schmuck
Zeichen und Elemente, die einzeln oder zusammen, als zusätzliche und «schmückende» Teile im Text verwendet werden können. (S. 42)

Schreibmaschinenschrift
Bezeichnung der Schriften, bei denen alle Zeichen und Buchstaben die gleiche Dickte aufweisen. (S. 16)

Schriftgrad
Systematische Abstufung von Schriftgrößen. (S. 9, 10, 11)

Schriftgröße
Bezeichnet die hp-Höhe oder die größte vertikale Ausdehnung. (S. 9, 10, 11)

Schriftlinie
Standlinie der Schrift. (S. 17)

SI-Einheiten
Vom «Bundesgesetz über das Messwesen» wurden die Maßsysteme 1978 international angepasst und vereinheitlicht (SI = Système international d'unités). (S. 49)

Spationieren
Erweitern der vom Schrifthersteller vorgegebenen Laufweite. (S. 18)

Symbole
Bezeichnung der Zeichen mit bildlichen Darstellungen wie z. B. Tierkreiszeichen, chemische Zeichen, Sterne usw. (S. 37, 38)

Tabellenziffern
Ziffern, die alle den gleichen Dicktenwert aufweisen. Sie werden vornehmlich beim tabellarischen Satz angewendet. (S. 33)

Typometer
Maßstab mit unterschiedlichen Messmöglichkeiten wie z. B. für die Schriftgröße, den Zeilenabstand usw. (S. 7)

Umlaute
Bezeichnung der Buchstaben mit zusätzlichen Betonungszeichen für den deutschen Sprachraum. (S. 26)

Unterlänge
Unterster Punkt der Schrift. Bezeichnet auch die Distanz zwischen der Schriftlinie und der Unterlänge des Buchstabens. (S. 17)

Unterschneiden
Verringern des vorgegebenen Raumes zwischen zwei oder mehreren Zeichen (auch «Kerning»). (S. 19)

Versalhöhe
Bezeichnet die Höhe der Versalbuchstaben. Gemessen von der Schriftlinie bis zur Oberlänge. (S. 9, 17)

Versalien
Bezeichnung für Großbuchstaben. (S. 25)

Vertikaler Raumbedarf
Bezeichnet den Raum, den eine Schrift mit dem an der Unterlänge hinzugefügten Raum total einnimmt (auch fiktiver Kegel). (S. 9)

Vorbreite
Zusätzlicher Raum links des Buchstabens, der zur Festlegung des Zeichenabstandes zum vorherstehenden Zeichen dient. (S. 16)

x-Höhe
Identisch mit der Mittellängenhöhe. (S. 17)

Zeilenabstand
Abstand von Zeile zu Zeile, welcher von Schriftlinie zu Schriftlinie gemessen wird. (S. 9)

Zeichen
Alle vorkommenden Buchstaben, Zahlen, Interpunktionen und Sonderzeichen in einem Alphabet. (S. 25)

Zeichenbreite
Breite des Buchstabens. (S. 16)

Zierlinien
Linien, die vornehmlich als Schmuck oder auch als Sicherheitselemente für Wertpapiere angewendet werden. (S. 39)

Ziffer
Bezeichnung eines einzelnen Zeichens (z. B. die Ziffer «3»), welche zusammengesetzt eine Zahl ergibt (z. B. die Zahl «43»). (S. 31)

Bibliografie
Begleitliteratur zum Band 1

Das Detail in der Typografie
Jost Hochuli
© 1987, Compugraphic Corporation,
Wilmington USA
**Mathematische Grundlagen zur
Satzherstellung**
Hans Rudolf Bosshard
© 1985, Verlag des Bildungsver-
bandes Schweizerischer Typografen
BST Bern
ISBN 3-85584-011-3
Mut zur Typographie
Jürgen Gulbins
Christine Kahrmann
© 1992, Springer Verlag Berlin
ISBN 3-540-55708-3
Satztechnik und Gestaltung
Leo Davidshofer
Walter Zerbe
© 1966, Bildungsverband
Schweizerischer Buchdrucker
Satztechnische Grundlagen
Günter Schmitt
© 1987, Verlag Sauerländer AG, Aarau
ISBN 3-7941-2915-6
**Technische Grundlagen zur
Satzherstellung**
Hans Rudolf Bosshard
© 1980, Verlag des Bildungsver-
bandes Schweizerischer Typografen
BST Bern
Band ISBN 3-85584-010-5
Typografie
Philipp Luidl
© 1989, Schlütersche Verlagsanstalt
und Druckerei GmbH & Co.
ISBN 3-87706-290-3
Typographie
Emil Ruder
© 1967, Arthur Niggli Ltd.,
Niederteufen
ISBN 3-7212-0043-8

Zeitschriften
Typografische Monatsblätter
Herausgegeben von der Gewerk-
schaft Druck und Papier
Schweiz, Monbijoustraße 33,
3001 Bern

**Aus folgenden Büchern wurden
Texte übernommen:**

**Ausgewählte Aufsätze über
Fragen der Gestalt des Buches
und der Typographie**
Jan Tschichold
© 1975, Birkhäuser Verlag Basel
ISBN 3-7643-1946-1
Das Detail in der Typografie
Jost Hochuli
© 1987, Compugraphic Corporation,
Wilmington USA
Görpse.
Heinz Hänni
© 1997, Eigenverlag Zürich
**Mathematische Grundlagen zur
Satzherstellung**
Hans Rudolf Bosshard
© 1985, Verlag des Bildungsver-
bandes Schweizerischer Typografen
BST Bern
ISBN 3-85584-011-3
**Technische Grundlagen zur
Satzherstellung**
Hans Rudolf Bosshard
© 1980, Verlag des Bildungsver-
bandes Schweizerischer Typografen
BST Bern
ISBN 3-85584-010-5
Typographie
Emil Ruder
© 1967, Arthur Niggli Ltd.,
Niederteufen
ISBN 3-7212-0043-8

Dank
Vielen Dank Romano Hänni für die
wertvollen Hinweise und die Unterstützung sowie Richard Frick, Christine
Graber und Renata Minoretti für die tat-
kräftige Mithilfe und Werner Meier
für die sprachliche und orthographische
Bearbeitung dieses Lehrmittels.
Ein spezieller Dank gebührt Hans Kern.
Ohne seinen großen Einsatz wäre
die Herausgabe dieses Lehrmittels nicht
möglich gewesen.